Klöppel/Vliex

Helfen durch Rhythmik

Renate Klöppel / Sabine Vliex

Helfen durch Rhythmik

Verhaltensauffällige Kinder erkennen, verstehen, richtig behandeln

Herder Freiburg · Basel · Wien

Gedruckt auf umweltfreundlichem,
chlorfrei gebleichtem Papier

1. Auflage der überarbeiteten Neuausgabe

Umschlaggestaltung: Joseph Pölzelbauer, Freiburg
Umschlagfoto: Hartmut W. Schmidt, Freiburg
Textfotos: Archiv der Autorinnen.
Die Fotos entstanden in Gruppen mit nicht-verhaltensauffälligen Kindern.

Printed in Germany

Satzbearbeitung: DTP-Studio Helmut Quilitz, Denzlingen
Herstellung: Freiburger Graphische Betriebe 1999
ISBN 3-451-26731-4

Inhalt

Teil 2: Praxis der Rhythmik mit verhaltensauffälligen Kindern

(Sabine Vliex)

Vorwort

Verhaltensauffällige Kinder sind nicht nur für betroffene Eltern ein Problem, sondern stellen für jeden Pädagogen eine Herausforderung dar. Verständnis, vor allem aber auch Sachverstand und Fähigkeit zur Selbstkritik sind Voraussetzungen, die jeder, der mit auffälligen Kindern arbeitet, aufbringen muß, sollen seine pädagogischen Bemühungen nicht von vornherein zum Scheitern verurteilt sein.

Dieses Buch wurde geschrieben, um Kenntnisse zu vermitteln, die helfen, verhaltensauffällige Kinder besser zu verstehen und mehr zu wissen über die Ursachen ihrer Störungen. Aufbauend auf diesen Kenntnissen werden zahlreiche Möglichkeiten aufgezeigt, wie durch Rhythmik Kindern mit unterschiedlichen Verhaltensauffälligkeiten geholfen werden kann.

Rhythmisch-musikalische Erziehung, kurz gesagt „Rhythmik“ stellt sich die Aufgabe, den Menschen ganzheitlich, das heißt nicht nur in einzelnen Fähigkeiten, durch Musik und Bewegung zu fördern und zu erziehen. Dieses pädagogische Ziel besteht auch verhaltensgestörten Kindern gegenüber. Die Forderung nach Akzeptanz auch eines gestörten Kindes, Übungen, deren Schwierigkeitsgrad von den Fähigkeiten des Kindes bestimmt wird, und die den kindlichen Bedürfnissen entsprechende ganzheitliche Arbeitsweise machen die Rhythmik zu einer Methode, die besonders geeignet ist, auch verhaltensauffälligen Kindern Hilfe zu geben.

Rhythmikgruppen bestehen heute nicht nur in vielen Jugendmusikschulen, in verschiedenen therapeutischen und sonderpädagogischen Einrichtungen, sondern sehr viele Kindergärten und Kindertagesstätten bieten allen dort betreuten Kindern Rhythmikgruppen an. Hierdurch besteht die große Chance, sehr viele auffällige Kinder mit einer pädagogischen Methode zu erreichen, die ihnen helfen kann, ihre Schwierigkeiten zu überwinden. Wenn therapeutische Möglichkeiten nicht in Anspruch genommen werden, weil die Einsicht der Eltern in die Probleme und ihre Mitarbeit fehlt, stellt die Rhythmik oft die einzige Möglichkeit dar, den betroffenen Kindern zu helfen.

Ängstlichkeit, Unsicherheit und fehlendes Selbstbewußtsein sind Auffälligkeiten, deren Tragweite oft unterschätzt wird. Aggressivität, provokatives Störverhalten, Geltungssucht und motorische Überaktivität dagegen sind die Probleme, die dem Erzieher Gruppenstunden zur Qual werden lassen können. Für die betroffenen Kinder selbst stellen alle diese Auffälligkeiten eine schwerwiegende Bedrohung ihrer ungestörten Entwicklung dar.

Aufgrund der offenen und ganzheitlichen Arbeitsweise der Rhythmik offenbaren sich der Rhythmiklehrerin/dem Rhythmiklehrer* nicht nur Probleme, die das Kind im Umgang mit anderen Kindern oder den betreuenden Erwachsenen hat, sondern auch Auffälligkeiten der Bewegungen, der Wahrnehmung oder der Aufmerksamkeit werden dem genau beobachtenden Rhythmiklehrer nicht entgehen. Nicht selten treffen wir in unseren Gruppen Kinder mit derartigen Schwierigkeiten an, und es stellt sich die Frage nach Ursachen und Bedeutung dieser Auffälligkeiten. Im Kapitel über die „minimale cerebrale Dysfunktion" (MCD), das „hyperkinetische Syndrom" und „Teilleistungsstörungen" werden die hier möglichen Zusammenhänge dargestellt, deren Kenntnis entscheidend dazu beiträgt, diesen Kindern Hilfen geben zu können und ihnen mit Verständnis zu begegnen.

Das Buch besteht aus einem mehr theoretischen Teil 1 und einem mehr praktischen Teil 2. Der Teil 1 ist so konzipiert, daß im ersten Kapitel die Auffälligkeiten, mit denen der Rhythmiklehrer am häufigsten konfrontiert wird, mit ihren Ursachen und ihrer Bedeutung dargestellt werden. Im zweiten Kapitel finden sich Informationen über therapeutische Methoden, die helfen können und deren Ansätze und Erfahrungen sich teilweise auf die Rhythmik übertragen lassen. Das dritte Kapitel stellt Möglichkeiten dar, durch Rhythmik den auffälligen Kindern zu helfen.

Der folgende praktische Teil 2 enthält konkrete Übungsanleitungen, Geschichten, Spiele und Lieder, die nach Übungsschwerpunk-

---

* Im folgenden sprechen wir von weiblichen und männlichen Fachkräften für Rhythmik in abgekürzter Form vom (geschlechtsunspezifischen) Rhythmiklehrer. Wir bitten vor allem unsere in der Mehrzahl weiblichen LeserInnen um freundliches Verständnis.

ten geordnet sind. Diese durch Symbole gekennzeichnete Aufteilung nach Übungsschwerpunkten, das Stichwortverzeichnis, aber auch die Möglichkeit die Übungsanleitungen als Karteikarten aufzubewahren, ermöglichen einen schnellen Überblick und eine praxisbezogene Anwendung.

Übungsanleitungen der Rhythmik sind keine stur abrufbaren Trainingsprogramme, und gute theoretische Kenntnisse bieten keine Gewähr für ein einfühlendes und akzeptierendes Erzieher – Kind-Verhältnis. Erst das Zusammentreffen von Sachkenntnis, Einfühlungsvermögen und pädagogischem Geschick machen die Rhythmik zu einer Methode, die in besonderem Maße geeignet ist, auffälligen Kindern die dringend benötigte Hilfe zu geben.

Wir hoffen, daß dieses Buch dazu beiträgt, auch verhaltensgestörten Kindern mit Achtung, Hilfsbereitschaft und Sachkenntnis zu begegnen.

Die Autorinnen

Teil 1
Rhythmik als Heilpädagogik

Renate Klöppel

Einleitung: Kurzer geschichtlicher Überblick

Gegen Ende des neunzehnten Jahrhunderts entwickelte sich in Mitteleuropa und in den USA als Reaktion auf die zunehmende leibfeindliche Industrialisierung und Intellektualisierung die moderne Rhythmusbewegung. Ein Grundgedanke dieser Bewegung war die körperliche Befreiung durch Besinnung auf die rhythmischen Bewegungsvorgänge.

Einer der für die Entwicklung der heutigen Rhythmik maßgeblichen Begründer war Emile *Jaques-Dalcroze* (1865–1948), der bis 1914 in der 1910 entstandenen Gartenstadt Hellerau bei Dresden und anschließend bis zu seinem Tode in Genf lehrte. *Jaques-Dalcroze* ging davon aus, daß aus der Wechselwirkung zwischen musikalischem und körperlichem Rhythmus ein rhythmisches Bewußtsein erwacht, durch welches nicht nur die musikalischen Fähigkeiten seiner Musikstudenten wesentlich verbessert, sondern auch psychische und physische Körpervorgänge zu einem Ausgleich geführt werden.

Aus seiner ursprünglich auf die Ausbildung von Musikern bezogenen Methode entwickelte *Elfriede Feudel,* eine seiner Mitarbeiterinnen in Hellerau, ein allgemein gültiges Erziehungsprinzip, die „rhythmisch-musikalische Erziehung". *E. Feudel* bezeichnete diese Erziehung als „elementare Pädagogik", in der „die Bewegung als Bindeglied zwischen Geist und Körper angesehen und in den Prozeß des Lernens und Lehrens einbezogen wird"[1]. „Elementar" nannte sie ihre Pädagogik, weil „nur Fähigkeiten und Anlagen zum Ausgang genommen werden, die jedes Kind mit ins Dasein bringt". Ihre Zielgruppe waren normale, durchschnittlich begabte junge Menschen, während die „von der Bahn des Gesunden abgewichenen und hilfsbedürftigen Menschen ... Aufgabe einer besonderen Heilpädagogik im Sinne der Rhythmik seien"[2].

---

[1] Feudel, E., 1963, S. VI.

[2] Ebda, S. VII.

An diesem Punkt setzte *Mimi Scheiblauer* an. *Scheiblauer* (1891–1968) und die nach ähnlichen Prinzipien arbeitende *Charlotte Pfeffer* waren mit *Elfriede Feudel* in den Jahren vor Ausbruch des 1. Weltkrieges als Schülerinnen und Mitarbeiterinnen von *Jaques-Dalcroze* in Hellerau. 1912 wurde *Scheiblauer* ans Konservatorium in Zürich berufen, wo sie bis zu ihrem Tode unterrichtete. Schon bald stand dort neben der musikalischen Ausbildung die Hilfe der Rhythmik für „konzentrationsschwache und bewegungsunsichere" Kinder im Mittelpunkt ihres Interesses. Durch die Bekanntschaft mit *Heinrich Hanselmann,* der in Zürich den ersten Lehrstuhl für Heilpädagogik inne hatte, erweiterte sich ihr Arbeitsgebiet eben in diese Richtung. Neben behinderten und verhaltensauffälligen Kinder und Jugendlichen förderte sie durch ihre Arbeit auch Gehörlose und Blinde.

Mimi Scheiblauer selbst hat kein Buch über ihre Arbeit verfaßt. Der Verhaltensforscher *Johannes L. Neikes,* der kurz vor ihrem Tod den Unterricht in Zürich beobachten konnte, schildert in einem Buch Mimi Scheiblauers Arbeit: Immer dem obersten Leitsatz verpflichtet, Hochachtung vor den Kindern zu haben, sie zu akzeptieren, wie sie sind und ihnen Partner zu sein, entwickelte *Scheiblauer* elementare Übungen, die geeignet sind, „normale wie auch bescheidenste körperliche und seelisch-geistige Fähigkeiten zu fördern". Bewegung, genauer Bewegungsrhythmus, war für sie das Primäre; von dort führte der Weg zum Klang. Ein Merkmal ihrer Arbeit waren Signale (Töne, Sprache, Gesten, taktile Reize usw.), die eingesetzt wurden, wenn Bewegungen „unterbrochen, umgeschaltet oder durchgehalten" werden sollten. Als „Kontaktmittel zum Kind" wurden verschiedene Materialien verwendet: Reifen, Rasselbüchsen, Kugeln, Schlaghölzer, Stäbchen, Tennisbälle, Seile, Klötze, Tafeln, farbige Tücher und Rahmentrommeln. Sorgfalt und Behutsamkeit, aber auch Phantasiebildung und Ordnung ebenso wie soziale Fähigkeiten, Begriffsbildung und Koordination sind heute wie damals Gegenstand der von *Mimi Scheiblauer* entwickelten Rhythmik.

Einen Eindruck von Mimi *Scheiblauers* Arbeitsweise gibt die folgende Schilderung von *Neikes:*[3]

---

[3] Neikes, J. L., 1987, S. 47 f.

„1) Ungezwungenes Umhergehen im freien Raum. Hierbei werden sie Übende beobachten, die sichtlich innerlich frei und ruhig und geordnet herumgehen. Sie werden andere beobachten, die immer außen herumgehen. Sie werden weiter andere sehen, die sich immer ‚durchwinden' und ‚durchschlängeln' auch da, wo Platz in Fülle ist. Schließlich werden sie andere finden, die immer wieder anstoßen, obschon nebenher Platz genug ist. Es gibt auch solche, die immer angestoßen werden; diese und die nur außen herumgehen oder sich immer durchschlängeln, sind gehemmte und/oder eingeschüchterte Menschen. Bei ruhig und geordnet frei ausschreitenden Kindern können Sie auf ein kindgemäßes und stimmiges Wohnklima schließen. Dies nur zur Veranschaulichung, welch große Bedeutung allein schon einer einfachen Übung des ungezwungenen Umherlaufens zukommt. In der Zeit-Dauer muß man die Übung einfühlsam abstimmen auf die jeweilige Situation. Schon nach verhältnismäßig wenigen Übungsstunden werden alle Kinder ruhig, frei und geordnet ausschreiten.

2) Dann können Sie dazu übergehen, diese Übung auszubauen: mittels Signalen das Tempo beschleunigen und verlangsamen, anhalten und wieder weitergehen lassen usw. Sie können die Gefahr des Anstoßens und den Anreiz der Bewegung erhöhen: mit weit ausgebreiteten Armen – wie ein Segelflugzeug – und leichtfüßig dahinschwebend! Oder wie ein Motorflugzeug kräftig aufstampfend und mit heulenden Tönen und ‚angewinkelten Tragflächen' dahinflitzen usw...

Sie können die Bewegungsweisen erschweren: wie Frösche hüpfen und wie Würmer kriechen lassen.

Sie haben es schon gemerkt: Sie sind wieder mitten in den pantomimisch darstellenden Übungen darin: auch dienen alle diese Übungen ebenfalls der Begriffsbildung."

Vom heilpädagogischen Seminar in Zürich ausgehend und durch Lehrgänge und Seminare, die *M. Scheiblauer* in der Schweiz, Österreich und Deutschland hielt, weiterverbreitet, wuchs das Interesse an der heilpädagogischen Rhythmik.

Heute ist Rhythmik nicht nur ein selbständiges Studienfach, sondern auch Bestandteil der Ausbildung in vielen pädagogischen Berufen. Auch dort, wo Rhythmik mit Kindern nicht ausdrücklich heilpädagogisch eingesetzt wird, offenbaren sich dem Rhythmiklehrer meist rasch auf Grund der offenen und ganzheitlichen Arbeitsweisen der Rhythmik viele der Probleme, die das Kind mit sich selbst, mit anderen Kindern oder den betreuenden Erwachsenen hat. Rhythmik offenbart aber nicht nur viele Züge der kindlichen Persönlichkeit, sie kann, vermittelt durch einen einfühlsamen, gut ausgebildeten und erfahrenen Pädagogen, dem Kind für seinen gesamten weiteren Lebensweg eine große Hilfe sein.

1 Verhaltensstörungen – Verhaltensauffälligkeiten

Wer ist verhaltensgestört?

Melanie steht an der Tür und schreit. Als ihre Mutter versucht, sie wegzuziehen, wirft sie sich zu Boden und schlägt und tritt um sich. Schließlich gelingt es ihrer Mutter, sich mit ihr auf einen Stuhl zu setzten. Auch hier gehen Geschrei und Toben minutenlang weiter, bis Mutter und Kind völlig schweißgebadet sind. „So ein verzogenes Kind“ denkt Frau L., die mit ihrem Sohn Kai daneben sitzt. Ihr Sohn sitzt ruhig auf seinem Stuhl, blättert in einer Zeitschrift und betrachtet das tobende Mädchen mit Mißfallen.

Beide Kinder sind im Wartezimmer einer Kinderarztpraxis. Melanie, zwei Jahre alt, hat sich am Vortag mit heißem Tee verbrannt, und der Arzt hat gestern die Brandblasen geöffnet. Zuerst war sie dabei noch sehr tapfer gewesen, aber als sich die schmerzhafte Prozedur mehr als zehn Minuten hinzog, war ihre Selbstbeherrschung am Ende. Sie mußte schließlich von drei Erwachsenen festgehalten werden, bis endlich die Brandwunden versorgt waren. Nun hat sie die Arzthelferin wiedererkannt, die gestern ihren Kopf festgehalten hat und die panische Angst von gestern überwältigt sie vollständig.

Kai ist 7 Jahre alt. Seine Mutter will mit dem Kinderarzt sprechen, weil ihr Sohn seit der Einschulung vor einem halben Jahr noch kein Wort in der Schule gesprochen hat, weder mit der Lehrerin noch mit den Mitschülern.

Wie wird man wohl nach diesen zusätzlichen Informationen die Frage beantworten, welches von beiden Kindern verhaltensgestört ist?

Was sind Verhaltensstörungen?

Ehe wir uns der Frage zuwenden, in welcher Weise Rhythmik für Kinder mit Verhaltensstörungen nützlich werden kann, müssen wir zunächst klären, was unter „Verhaltensstörung“ oder „Verhaltensauffälligkeit“ überhaupt zu verstehen ist.

Der Terminus „Verhaltensstörung“ ist ein weit gefaßter unspezifischer Oberbegriff, der der Feststellung dient, daß ein Kind aus irgendwelchen Gründen in seinem Verhalten nicht den Erwartungen seiner Umwelt entspricht. Über die Ursache, die Symptome oder die Schwere der Störung ist damit noch nichts ausgesagt. Die Abgrenzung zwischen gestörtem und normalem Verhalten ist nicht immer möglich, zumal bei der Bewertung unter anderem Alter, Entwicklungsstand, soziales Umfeld und auslösende Situation berücksichtigt werden müssen. So sind natürlich Wut- und Trotzanfälle eines Dreijährigen anders zu beurteilen als das gleiche Verhalten bei einem Schulkind.

Schenk[4] formuliert die Kernfragen auffälligen Verhaltens folgendermaßen: „*Wer bezeichnet welches Verhalten unter welchen Umständen bei wem mit welcher Verbindlichkeit und welchen Konsequenzen als welche Form abweichenden Verhaltens?*“

In der Kinderpsychiatrie sind „Verhaltensstörung“ und „Verhaltensauffälligkeit“ keine eindeutig definierten Begriffe. Im allgemeinen Sprachgebrauch ist, ohne daß klare Abgrenzungen bestehen, Verhaltensstörung die meist als härter empfundene Bezeichnung. Entsprechend der ungenauen Abgrenzung zur Norm schwanken die Häufigkeitsangaben beträchtlich. Bei den meisten Untersuchungen[5] werden 12,5–27% der untersuchten Kinder als psychisch oder verhaltensmäßig auffällig bezeichnet, ein Autor[6] stuft sogar 20–49,3% in Deutschland lebender 7 bis 10-jähriger Kinder als auffällig ein. Aussagekräftigere Zahlen ergeben sich, wenn die Häufigkeit der Störungen in verschiedenen Bevölkerungsgruppen verglichen wird. So wird ein wesentlich höherer Prozentsatz von Schülern an Sonderschulen als verhaltensauffällig eingestuft als an Hauptschulen und dort wiederum ein höherer als an Gymnasien.

4 Schenk, J., 1977.
5 Remschmidt, H., Walter, R., 1990.
6 Thalmann, H.-C., 1971.

Mädchen bis zum Adoleszentenalter sind im Verhältnis 2 : 3 seltener von behandlungsbedürftigen Verhaltensstörungen betroffen als Jungen.[7]

In jedem Alter gibt es Verhaltensbereiche, die besonders anfällig für das Auftreten von Störungen sind. Während im Kleinkindesalter häufig Schwierigkeiten im Bereich der Ablösung von der Mutter, aber auch in Bezug auf die Anpassung an notwendige Regeln bestehen, ist im Schulalter der Leistungsbereich bevorzugt betroffen. Schwierigkeiten im sozialen Bereich treten in allen Altersstufen vom Kindergartenalter an häufig auf und haben für den Rhythmiklehrer die unmittelbarste Bedeutung. Störungen im Sozialverhalten äußern sich im wesentlichen in drei Erscheinungsformen, die sich teilweise überschneiden können, nämlich in Aggressivität, im Sich-zurück-Ziehen und in unangemessenem Geltungsstreben, das sich vor allem in provokativen Albernheiten, Aufschneiden und Dazwischenreden äußert. Diese drei Formen auffälligen sozialen Verhaltens werden in den folgenden Kapiteln ausführlich dargestellt.

Für den Rhythmiklehrer und wohl für jeden Pädagogen sollte die Frage zweitrangig sein, ob einem Kind das Etikett „verhaltensgestört" zuerkannt werden muß oder nicht, oder anders ausgedrückt, ob das Verhalten eines Kindes noch normal ist oder als „gestört" zu bezeichnen ist. Viel wichtiger ist die Frage, ob das Kind sich oder der Gruppe durch sein Verhalten schadet oder sich oder andere unglücklich macht, welches die Auslöser besonders auch in der aktuellen Gruppensituation sind, und vor allem, wie dem Betroffenen geholfen werden kann, unabhängig davon, ob dieses Verhalten als pathologisch eingestuft werden muß oder nicht.

---

[7] Auch in den Statistiken der Erziehungsberatungsstellen des Schwarzwald-Baar Kreises der Jahre 1983–1987 trat dieses Verhältnis bei den angemeldeten Jungen und Mädchen exakt wieder auf. Der häufigste Anmeldegrund waren Störungen des Sozialverhaltens, danach folgten Erziehungsprobleme und Störungen im Leistungsbereich. Ein nicht nur in diesen Statistiken auffälliger Altersgipfel um den Zeitpunkt der Einschulung herum ist vor allem mit den in diesem Alter ansteigenden Erwartungen an das Kind zu begründen.

Was ist „richtiges" Verhalten?

Sagi[8] hat verschiedene Kriterien zusammengestellt, mit deren Hilfe praxisnah „richtiges" kindliches Verhalten hinterfragt werden kann. Er bezeichnet als normgerechtes, richtiges Verhalten, wenn das Kind in jeweils altersentsprechender Weise

- „sich immer mehr als einmalige, selbständige Persönlichkeit empfindet,
- sich als gleichwertiger Partner den anderen mitteilt und diese als solche akzeptiert,
- persönliche Zielsetzungen klug und engagiert vertritt,
- im Interesse der sozialen Integration zeitweise auf persönliche Zielsetzungen verzichtet,
- Konflikte mit soziokulturell akzeptierten Mitteln löst und damit sowohl Aggressivität als auch Angst überwindet,
- zunehmend in eigener Verantwortung wertgebunden handelt."

Ursachen von Verhaltensaufälligkeiten

Die Ursachen für Verhaltensauffälligkeiten sind vielfältig, und häufig löst erst das Zusammentreffen von mehreren Faktoren das eindeutig aus der Norm fallende Verhalten aus. Das aktuelle soziale Umfeld (Familie, Kindergarten oder Schule und weitere soziale Beziehungen), frühere Erfahrungen und Erlebnisse sowie organische Krankheiten kommen ursächlich in Frage. Auch eine Bedeutung erblicher Faktoren im Sinne einer Disposition für die Entwicklung bestimmter Verhaltensstörungen wird im allgemeinen nicht bestritten. Hierauf wird im Abschnitt über das „hyperkinetische Syndrom" (S. 39) noch einmal eingegangen.

In welcher Weise das soziale Umfeld das Verhalten beeinflußt, wird in den betreffenden Kapiteln beschrieben. Wichtig ist die heute allgemein anerkannte Feststellung, daß kindliches oder überhaupt

[8] Sagi, A., 1992^{6}, S. 20.

menschliches Verhalten zu einem großen Anteil gelernt wird. Dies geschieht zum einen insbesondere in der frühen Kindheit an den Bezugspersonen, zum anderen während des ganzen Lebens. Große Bedeutung hat das Lernen an den ausgelösten Konsequenzen: Sind die Folgen einer Verhaltensweise angenehm, so wird dieses Verhalten mit großer Wahrscheinlichkeit wiederholt. Entstehen unangenehme Konsequenzen, wird diese Verhaltensweise normalerweise seltener auftreten.

Erwartungen anderer Personen haben einen beträchtlichen Einfluß auf das Verhalten. Es läßt sich sehr häufig beobachten, daß Kinder förmlich in eine Rolle gedrängt werden. Dies kann sich sowohl in von der Umgebung gewünschtem Verhalten äußern als auch in unerwünschtem. Ein Kind, das von seinen Eltern als immer brav und freundlich angesehen und gelobt wird, neigt möglicherweise wegen dieser hohen Erwartungen dazu, eigene Bedürfnisse nicht ausreichend wahrzunehmen und aggressive Tendenzen, die gegen andere gerichtet sind, vollständig zu unterbinden, um sie unter Umständen gegen sich selbst zu kehren.

Mindestens ebenso nachteilig sind Erwartungen, daß ein Kind schlechte Verhaltensweisen zeigen wird: Schon das dadurch vermittelte schlechte Selbstwertgefühl kann dazu führen, daß positive Verhaltensweisen verhindert werden. Die schlechten Erwartungen, die die Umgebung an das Kind hat, führen häufig dazu, daß dessen gute Eigenschaften gar nicht wahrgenommen werden. Entsprechend werden diese Eigenschaften auch nicht gelobt. Das Kind erfährt also auch keine positiven Konsequenzen, hat also wenig Grund, häufiger „artig“ zu sein.

Die in den letzten drei Abschnitten beschriebenen Zusammenhänge sind überaus verbreitet und den Handelnden normalerweise nicht bewußt. Es ist deswegen wichtig, auch als Rhythmiklehrer die Wechselbeziehungen zu den Kindern und zwischen den Kindern zu hinterfragen, um ungünstige gegenseitige Beeinflussungen möglichst rasch zu erkennen und zu vermeiden und andererseits durch gute Beziehungen positives kindliches Verhalten zu stärken. Den verschiedenen im folgenden beschriebenen Verhaltensstörungen liegen dabei teilweise recht typische Lernprozesse und Interaktionen zugrunde, auf die jeweils noch genauer eingegangen wird.

1.1 Schüchternheit, Unsicherheit und Ängstlichkeit

Gehemmte, schüchterne Kinder stellen in Kindergruppen im Gegensatz zu ihren aggressiven Kameraden für den Erzieher meist kein brennendes Problem dar. Dem Unerfahrenen mag die Störung dieser Kinder vielleicht sogar völlig entgehen. In ihrer Entwicklung, das heißt in der optimalen Entfaltung ihrer Fähigkeiten, sind sie jedoch kaum weniger beeinträchtigt als die in der Gruppe wesentlich stärker störenden Kinder. Diesen unauffälligeren sei deswegen das erste Kapitel gewidmet.

Schüchternheit ist offenbar ein weit verbreitetes Problem:

In einer Studie an 1115 Münchner Vorschulkindern wurden 16,8 % als schüchtern bezeichnet, 59 % von diesen wurden als therapiebedürftig eingestuft, das heißt, fast 10 % aller untersuchten Kinder.[9] Wenn derartige Zahlenangaben auch in Abhängigkeit von der angewendeten Untersuchungsmethode schwanken, sind sie doch ein wichtiger Hinweis auf die Häufigkeit dieser ernstzunehmenden Schwierigkeiten.

Ein Beispiel:

> Kathrin ist eines von 6 Kindern in einer Rhythmikgruppe mit verhaltensauffälligen 6- bis 7jährigen Kindern. Das 7jährige, schmächtige, von der Einschulung zurückgestellte Mädchen ist die zweite Tochter einer in sich gekehrten, ängstlich wirkenden Mutter. In der ersten Rhythmikstunde trennte sich Kathrin nur schwer von ihrer Mutter und klammerte sich zunächst an sie, bis diese schließlich den Raum verlassen hatte. Danach ließ sie mich für den Rest der Stunde nicht mehr los. Zu den anderen Kindern nahm sie auch bei den Kennenlernspielen keinen Kontakt auf. Blickkontakt zu den anderen bestand so gut wie nie. Wenn sie zu mir sprach, war ihre Stimme leise und kaum verständlich.
>
> Auch in den folgenden Rhythmikstunden reagierte sie nicht auf die Ansprache durch andere Kinder, sondern orientierte sich

[9] Cranach et al., 1976.

ausschließlich an Erwachsenen. Wenn andere Kinder sie beim Laufen unsanft anstießen, weinte sie gleich und fragte nach ihrer Mutter. In den ersten Wochen versuchte sie nie, bei beliebten Dingen als eine der ersten an die Reihe zu kommen, sondern hielt sich immer scheu im Hintergrund. Bei Laufspielen machte sie entweder gar nicht mit oder versuchte, sich an meiner Hand festzuhalten. Dabei blieben ihre Bewegungen klein und ängstlich.

Überängstlichkeit, Unselbständigkeit, Schüchternheit oder anders ausgedrückt ihre soziale Unsicherheit, machen für Kathrin die Teilnahme an einer Gruppe offenbar zur Qual. Ihr Verweigern von Kontakten zu anderen Menschen, vor allem zu anderen Kindern, drängt sie zunehmend in eine Außenseiterposition, in der es ihr unmöglich ist, mit Freude an gemeinsamen Aktionen teilzunehmen.

Wie entsteht dieses Verhalten?

Es wurde bereits erwähnt, daß menschliches Verhalten in wesentlichen Anteilen gelernt wird, auch wenn natürlich anlagebedingte, also angeborene Komponenten, ebenfalls mitwirken. Für die Arbeit in der Gruppe bietet uns denn auch aus dem weiten Spektrum der Erklärungsmöglichkeiten für auffälliges Verhalten die Frage: „Wie wurde das Verhalten gelernt?" wesentliche Ansätze zum Verständnis und zur Hilfe für das betroffene Kind.

■ *Klassisches Konditionieren*[10]: Nehmen wir einmal an, Kathrin sei geschlagen worden. Dies hat ihr verständlicherweise Angst gemacht. Ein Erlebnis hat also zu einer angemessenen Reaktion geführt. Tritt dieses Erlebnis mehrmals in Verbindung mit einer bestimmten Situation ein, löst schließlich bereits diese an sich neutrale Situation, auch ohne daß unangenehme Erlebnisse damit verbunden sind, Angst aus. Das heißt für Kathrin: Waren es immer wieder fremde Kinder, die sie geschlagen und ihr dadurch Angst gemacht haben, so tritt schließlich die Angst schon allein bei dem Anblick oder der Vorstellung fremder Kinder auf. Aus lernpsychologischer Sicht heißt

[10] Nach Pavlov, I. P., 1976.

das, die Angst vor Kindern ist eine konditionierte Reaktion geworden. Derartige Konditionierungen spielen bei der Entstehung von Ängsten im zwischenmenschlichen Bereich eine nicht zu unterschätzende Rolle. Auch Trennungsängste können zum Beispiel dadurch konditioniert werden, daß die Abwesenheit der Mutter in unangenehmen Situationen erlebt wurde: beim nächtlichen Aufwachen in der dunklen leeren Wohnung, im Krankenhaus bei schmerzhaften Untersuchungen oder anderen tatsächlich ängstigenden Situationen. Aus der Erfahrung: unangenehme Situation – Mutter ist fort → Angst entsteht die Verbindung: Mutter ist fort → Angst.

Ohne in eine Systematik der Lerntheorien einzutreten, sollen zwei weitere wichtige Lernmechanismen, die beim Erwerb von Verhaltensweisen eine Rolle spielen, beschrieben werden. Es handelt sich hierbei um das Modellernen und das Verstärkungslernen.

■ *Modellernen:* Viele soziale Verhaltensweisen orientieren sich an Vorbildern. Die erwachsenen Bezugspersonen können hierbei ebenso „Modell" sein wie andere Kinder oder Idole, die nur aus den Medien bekannt sind. Modellernen bedeutet in unserem Beispiel, daß sich Kathrin auch an ihrer ängstlichen Mutter orientiert. Angstfreies Zugehen auf fremde Menschen oder Freude am Zusammensein mit anderen sind dieser ebenso unbekannt wie ihrer Tochter.

■ *Verstärkungslernen: Verhalten orientiert sich an seinen Konsequenzen.* Es wurde bereits betont, daß menschliches Verhalten von den entstehenden Konsequenzen bestimmt wird. Derartige Konsequenzen sind vor allem die Reaktionen der Mitmenschen auf die gezeigten Verhaltensweisen, die entweder verstärkend oder abschreckend, d. h. „aversiv", auf das Verhalten wirken können. Wenn wir nun fragen, ob Kathrins Verhalten durch Unterstützung, also Verstärkung der Unsicherheit und Unselbständigkeit entstanden ist, werden wir möglicherweise ein typisches Erziehungsverhalten zumindest bei einem Elternteil feststellen können: Überbehütende Erziehung ist geeignet, unselbständiges und anhängliches Verhalten zu verstärken und Selbständigkeits- und Außenkontakttendenzen zu unterbinden. Sätze wie „Geh lieber nicht auf den Spielplatz, die anderen Kinder sind so wild", sind geeignet, das Alleinbleiben zu bekräftigen. Bestärkend wirkt natürlich auch der Nutzen, den Kathrin aus ihrer Unselbständigkeit zieht: Ihre Mutter wagt nicht, so wie die anderen Mütter gleich wieder zu gehen, nachdem sie ihre Tochter zur Gruppenstunde gebracht hat, sondern verhandelt lange mit ihr, ehe sie sich schließlich verabschiedet. Auch in der Gruppe ist Kathrin durch ihr häufiges Weinen und ihre Angst besondere Zuwendung der Betreuer gewiß, was aber nicht bedeutet, daß sie nicht trotzdem in der Situation sehr leidet.

Vielleicht hat die Reaktion der Eltern auf selbständiges Verhalten auch strafenden oder zumindest doppelbödigen („double bind") Charakter: „Geh du nur zu deinen Freunden, ich werde schon sehen, wie ich ohne dich zurechtkomme." Signalisiert eine Mutter durch den Ton, mit dem sie einen solchen Satz spricht, daß sie das Fortgehen mißbilligt, erzeugt sie beim Kind ein schlechtes Gewissen für sein Fortgehen.

Ebenfalls abschreckend auf Selbständigkeitstendenzen wirkt erzieherisches Verhalten, das vom Kind mehr Kontaktfähigkeit und Durchsetzungsvermögen verlangt, als es in seiner augenblicklichen Situation zeigen kann. Dies beobachten wir gerade bei den Eltern häufig, die selbst unter ihrer eigenen Unsicherheit leiden und die ihren Kindern dies ersparen möchten. Dadurch, daß sie das Kind zu besonders durchsetzungsfreudigem Verhalten auffordern, erreichen sie genau das Gegenteil: Unsicherheit, Angst und die Unzufriedenheit der Erwachsenen verstärken die Tendenz des schüchternen Kindes, die unangenehme Situation, das heißt den Kontakt zu anderen Kindern möglichst ganz zu vermeiden.

Derartige Mechanismen sind nun keineswegs nur in der Familie wirksam, sondern überall dort, wo Menschen miteinander umgehen. Selbst engagierte Pädagogen sind vor diesen aus Unkenntnis der Zusammenhänge entstehenden Fehlern keineswegs sicher.

Der Teufelskreis unsicheren Verhaltens

Ist der Grundstock zu Unsicherheit und Kontaktängsten erst einmal gelegt, tritt ein Teufelskreis ein: Durch mangelnde Erfahrung im Umgang mit anderen Kindern kann kein adäquates Verhaltensrepertoire entwickelt werden. Das zunehmende Erfahrungsdefizit im Umgang mit anderen verstärkt die Angst vor Kontakten und führt zu weiterer Zurückgezogenheit. Noch eine andere Kette ungünstiger Verbindungen entsteht: Durch das Ablehnen der Kontaktangebote anderer Kinder werden diese enttäuscht und ziehen sich von ihrem abweisenden Spielgefährten zurück: „Kathrin ist eingebildet.“ Zur selbst gewählten Isolierung tritt eine Isolierung von außen; Angst und Unsicherheit verstärken sich in der Erkenntnis: Die anderen wollen nichts mit mir zu tun haben, sie mögen mich nicht, ich bin nichts wert.

Auf Möglichkeiten, die eine Rhythmikgruppe bietet, diese Kreisläufe zu unterbrechen, wird in Kapitel 3.2 eingegangen.

1.2 Albernes Verhalten

Sandra, 7 Jahre alt, sehbehindert, besucht die 1. Klasse der Grundschule. Im Kindergarten gab es erhebliche Probleme wegen fehlender Anpassung an die Gruppe und wegen anhaltendem Weinen und Schreien aus kleinen Anlässen. Sie nahm jetzt an derselben Rhythmikgruppe teil wie Kathrin. Nach anfangs eher schüchternem Verhalten boykottierte sie nach einigen Wochen alle Übungen und Aufgaben mit lauten Albernheiten und zog damit regelmäßig die Aufmerksamkeit der meisten Kinder auf sich. Sie rannte dann meist, unsinnige Worte ausstoßend und kichernd, im Raum herum. Ihr Redefluß, besonders wenn sie sich bemühte, Anforderungen auszuweichen, war gewaltig. Dabei wurden meist stereotyp die gleichen Sätze wiederholt: „Ketchup, Ketchup, Frau Klöppel ißt Tomatenketchup.“ Noch extremere Formen nahmen provokative Albernheiten und Verweigerungshaltung an, wenn es darum ging, sich am Ende der Stunde in Gegenwart der eigenen und der andern Mütter wieder anzuziehen: Ihr Starauftritt war, vor den anderen das Gesäß zu entblößen und es ihnen entgegenzustrecken. Im Mittelpunkt der allgemeinen Aufmerksamkeit zu stehen, war ihr dabei gewiß.

Schüchternheit und Albernheit, so unterschiedlich sich beide darstellen, so ähnlich können die Ursachen sein. Auch in ihren Auswirkungen gibt es Parallelen: Verweigerungshaltung gegenüber gestellten Aufgaben steht sowohl bei schüchternen als auch bei albernen Kindern im Vordergrund.

Ein ausgeprägtes Geltungsbedürfnis und Furcht vor Mißerfolg, verursacht durch die mehr oder weniger berechtigte Erwartung, einer Aufgabe nicht gerecht zu werden, ist der häufigste Auslöser unangebracht albernen Verhaltens. Anerkennungsstreben und Geltungsbedürfnis sollten aber nicht deswegen von vornherein als nur schlecht angesehen werden, sind beide doch häufig Triebfeder von Einsatzbereitschaft und guten Leistungen und ein normaler Bestandteil menschlichen Verhaltens. Probleme entstehen vor allem dann, wenn ein Kind, das viel Aufmerksamkeit und Anerkennung erwartet, nicht die Möglichkeit hat oder nicht gelernt hat, die Aufmerksamkeit durch positives Auffallen zu bekommen, beziehungsweise, wenn das gute Verhalten von der Umgebung ignoriert wird. Dann können provokative Albernheiten Mittel zum Zweck werden, die gewünschte Aufmerksamkeit zu erzwingen.

Besonders gefährdet sind Kinder, die einer ständigen Überforderung ausgesetzt sind, sei es z. B. durch einen dem tatsächlichen Leistungsvermögen des Kindes nicht angepaßten Schultyp oder durch unangemessen hohe Erwartungen der Bezugspersonen. Aber nicht immer muß die Antwort auf häufige Überforderung albernes Verhalten sein. Manche Kinder neigen in dieser Situation auch zum depressiven In-sich-Zurückziehen, und wieder andere neigen zu aggressivem Verhalten.

Nicht nur der Wunsch, im Mittelpunkt zu stehen, kann Ursache für albernes Ausweichen sein. Verlegenheit, besonders auch Angst, weichere Gefühle zu zeigen, kann ebenfalls zum albernen Überspielen der tatsächlichen Bedürfnisse führen.

Albernheit ist also sehr häufig gleichbedeutend mit Ausweichenwollen. Es ist keine leichte Aufgabe für den Pädagogen, herauszufinden, warum ein Kind in die Albernheit flüchtet. Durch Verstehen und Einfühlen in die Hintergründe der störenden Auffälligkeiten eröffnet sich oft ein Weg, auf dem das Kind aus seinem eingefahrenen Verhalten herausgeführt werden kann. Die Frage, die bei dieser Betrachtungsweise gestellt werden muß, lautet: „Warum hat es das Kind nötig, albern zu sein?“

Wie die anderen in diesem Buch beschriebenen Verhaltensweisen läßt sich auch Albernheit als Folge von Lernprozessen verstehen. Modellernen spielt dabei ebenso eine Rolle wie Verstärkungslernen. Andere Kinder, die mit Albernheiten erfolgreich sind, haben oft einen starken Vorbildcharakter: Albernheit ist ansteckend und macht häufig mehr Spaß, als sich einer Aufgabe zu widmen. Hat albernes Verhalten Erfolg, das heißt, gelingt es, die Aufmerksamkeit dadurch in gewünschter Weise auf sich zu ziehen, ist dies ein weiterer sehr wirksamer Verstärker, der zu häufiger Wiederholung verführt. Bei Sandra war dies besonders deutlich, und die Einsicht der Mutter in derartige Zusammenhänge bewirkten bald erfreuliche Veränderungen. Im Abschnitt über die Grundzüge der Verhaltenstherapie (Kap. 2.2) werden die Umstände, die zu Sandras Schwierigkeiten führten, noch ausführlicher dargestellt.

1.3 Aggressives Verhalten

Mehmet, 7 Jahre alt, lebt bei seinem psychisch kranken Vater und ist tagsüber im Kinderhort. Die Mutter starb, als Mehmet zwei Jahre alt war. Jetzt wurde der Junge nach mehreren Krankenhausaufenthalten wegen Schmerzzuständen ohne erkennbare Ursache auf Anraten der Erziehungsberatungsstelle in der Rhythmikgruppe angemeldet. Schon in den ersten 5 Minuten der ersten Rhythmikstunde würgte und schlug er den schmächtigen Benjamin ohne für die Außenstehenden ersichtlichen Grund. Häufig stieß er bei Laufspielen andere Kinder zu Boden oder zerstörte von den anderen angefertigte Dinge. Handtrommeln und andere Instumente waren in ständiger Gefahr, zertreten oder zerschlagen zu werden. Bei allem zeigten Blick, Haltung und die hastige Sprache häufig unverkennbare Zeichen der Angst.

---

[11] Die Definition des Begriffes „Aggression“ ist nicht einheitlich, ebenso wie die des zunehmend benutzten Begriffs „Gewalt“. Eine Darstellung der unterschiedlichen Definitionen würde den Rahmen des Buches sprengen. Siehe dazu Nolting, H.-P., 1997 und Borg-Laufs, M., 1997

Aggressivität und Gewalttätigkeit[11]: Keine andere Verhaltensstörung ängstigt und verunsichert die Umgebung stärker. Schüchternheit, Albernheit, auch Ungehorsam, sind in ihren Auswüchsen nicht so bedrohlich wie die Aggressivität. Ob sie sich in Schimpfen, Schreien, Verspotten oder Drohen, in körperlichen Angriffen oder in Zerstörungswut äußert, immer ist sie geeignet, anderen direkt oder indirekt Schaden zuzufügen. Gelegentliche Raufereien, von Zeit zu Zeit Wutausbrüche oder lautes Schimpfen müssen noch kein Zeichen für eine aggressive Verhaltensstörung sein, sondern sind als Bestandteil normalen kindlichen Verhaltens aufzufassen. Die Grenze ist dort überschritten, wo Intensität, Häufigkeit und Unangemessenheit der Ausbrüche und fehlende Handlungsalternativen zu einer Beeinträchtigung der sozialen Entwicklung führen.

Aggression: Trieb oder gelerntes Verhalten?

Die Ursachen für Aggression sind vielfältig und stellen sich für die verschiedenen Betrachtungsweisen sehr unterschiedlich dar: Als triebhaftes Verhalten aufgefaßt von manchen Verhaltensforschern (*Konrad Lorenz*: „Das sogenannte Böse“) und den Begründern der Psychoanalyse (bei *Sigmund Freud* der Todestrieb, Thanatos, bei *Alfred Adler* der Aggressionstrieb), wurde sie verschiedentlich als unveränderlicher Bestandteil menschlichen Verhaltens hingenommen und ein Ausleben von Aggressionen propagiert. Dies sollte nach der Katharsis-Hypothese[12] zu einer Triebabfuhr und als Folge davon zu selteneren Auftreten von Aggressionen führen. Nach heutigen Erkenntnissen tritt jedoch häufig der umgekehrte Effekt ein: „Rauslassen“ von Aggressionen verursacht beim Aggressor gewöhnlich ein angenehmes Gefühl, oft verbunden mit Erfolg. Dies ist eine wirksame Bekräftigung, dieses Verhalten häufiger zu zeigen. Auch wird Aggression heute überwiegend nicht als Trieb, der spontan auftritt und sich ein Ventil verschaffen muß, aufgefaßt. Diese Ansicht schließt allerdings nicht aus, daß aggressive Handlungen auf angeborenen Grundlagen wie entsprechenden Lernfähigkeiten und motorischen Elementarreaktionen fußen.

---

[12] Katharsis: Reinigung oder Läuterung

Die Frustrations-Aggressionshypothese und nicht frustrierende Erziehung

Eine weiterer Erklärungsversuch für aggressives Verhalten ist die in den 30iger Jahren entstandene „Frustrations-Aggressionshypothese" der *Yale-Gruppe*[13], die besagte, daß 1. Aggression immer eine Folge von Frustration sei und 2. Frustration immer zu einer Form von Aggression führe. In dieser Ausschließlichkeit hat sich diese Annahme nicht bestätigt, wenn auch Frustration tatsächlich einer der verschiedenen möglichen Auslöser für Aggressionen ist. Frustration führt aber keineswegs immer zu Aggression und Aggression wird nicht immer durch Frustration ausgelöst. Die „Frustrations-Aggressionshypothese" hatte auf das Erziehungsverhalten an vielen Orten starken Einfluß: Ihre Folge war die „nicht frustrierende Erziehung", bei der den Kindern möglichst alle Wünsche erfüllt wurden und sie keinen Beschränkungen unterworfen wurden. Es war eine Erziehung ohne von außen gesetzte Grenzen. Das Ergebnis entsprach den Erwartungen keineswegs: *„Non frustrated children werden keineswegs friedlich, ausgeglichen und glücklich, sondern meist aggressiv, unausgeglichen und unzufrieden. Sie entwickeln sich meist zu Gegnern ihrer Mitmenschen, von denen sie, ansprüchlerisch, immer noch mehr verlangen, obwohl es ihnen so gut geht wie niemanden zuvor.* "[14]

Für diese unerwartete Entwicklung sind verschiedene Gründe anzunehmen: Der Erfolg des anspruchsvollen Verhaltens, nämlich das Erfüllen aller Wünsche, läßt die Kinder dieses vielversprechende Verhalten möglichst häufig an den Tag legen. Aggressives Verhalten gegeneinander und gegen Erwachsene dient dann als Mittel zum Durchsetzen der eigenen Interessen beziehungsweise zum Auskundschaften des Verhaltensspielraumes. Werden hier keine Grenzen gesetzt und vor allem, wird kein Bewußtsein für die Bedürfnisse der Mitmenschen geweckt, gilt bald das Gesetz des Stärkeren. Warum soll denn ein Kind zurückstecken, seine Ansprüche mäßigen, wenn es für dieses Fordern durch die zuverlässige Wunscherfüllung beständig belohnt wird? Warum soll es denn Rücksicht nehmen, wenn niemand Rücksicht erwartet?

---

13 Dollard, J. et al. 1939

14 Späth B. 1979, Seite 85

Aggression als erlerntes Verhalten

Wir waren davon ausgegangen, daß Aggression besonders früher als triebhaftes Verhalten aufgefaßt wurde; daneben existieren verschiedene andere Erklärungsversuche, zum Beispiel die eben erwähnte Frustrations-Aggressionshypothese. Weiterhin ist Aggressivität aber auch als erlernte Verhaltensweise aufzufassen, die nach den gleichen Lerngesetzen erworben wird wie andere Merkmale menschlichen Verhaltens auch. Hieraus ergeben sich im Umgang mit aggressiven Kindern in der Gruppe verschiedene wichtige praktische Konsequenzen, die im Abschnitt „Rhythmik mit aggressiven Kindern“ (Kapitel 3.4) noch ausführlich dargestellt werden.

Ein wesentlicher Lernprozess wurde schon genannt, nämlich das Lernen am Erfolg, was gleichbedeutend ist mit „Verstärkungslernen“ oder „instrumentellem Lernen“. Zieht also der Angreifer aus seinem Verhalten irgend einen Gewinn, tritt Aggression häufiger auf. Dieser Gewinn kann das Durchsetzen der eigenen Interessen sein, der Respekt anderer Kinder, aber auch bereits die Aufmerksamkeit der erziehenden Erwachsenen, selbst wenn sie sich in Schimpfen äußert. Durch häufiges Ermahnen: „Mehmet, stoß nicht immer die anderen Kinder an! “ wird das unerwünschte Verhalten eher häufiger auftreten. Dies konnte anhand vieler verschiedener Untersuchungen bestätigt werden. Neben dem Gewinn und der Beachtung kann der Erfolg der Aggression auch in der Abwehr und Verteidigung bestehen. Dieser Effekt spielt besonders dann eine Rolle, wenn Angst eine Triebfeder für Aggression ist (s.u.).

Auch das Lernen am Modell, also am Vorbild (Beobachtungslernen) spielt für das Auftreten von aggressiven Verhaltensweisen eine große Rolle: Aggressive Leitbilder, auch aggressive Familien- oder Gruppenmitglieder regen zur Nachahmung an, auch wenn deren Verhalten verstandesmäßig verurteilt wird. Leider ist es den meisten Eltern nicht bewußt, daß Bestrafungen in Form von Prügel oder Anschreien dem Kind als aggressives Vorbild dienen.

Was bedeuten diese theoretischen Ausführungen für Mehmets Verhalten? Nach unseren Beobachtungen richteten sich seine Aggressionen niemals gegen eindeutig Stärkere, was ihm das angenehme Gefühl einbrachte, immer Sieger zu bleiben. Daneben bestand bei den meisten Kindern und zum Teil auch bei den betreuenden Erwachsenen eine starke Tendenz, auf seine Ansprüche Rücksicht zu nehmen, in der Hoffnung, Wutausbrüche dadurch zu verhindern. Auch den Gewinn der verstärkten Aufmerksamkeit bei aggressivem Verhalten konnten wir nicht immer vermeiden. So zog Mehmet, vordergründig betrachtet, zunächst durchaus Nutzen aus seinem Verhalten.

Auch zum Modellernen, zum Lernen am Vorbild, hatte Mehmet Gelegenheit. Sein Vater selbst reagierte nicht nur seinem Sohn gegenüber, sondern seinen eigenen Worten nach auch gegenüber anderen häufig überaus aggressiv, befürwortete aggressive Verhaltensweisen zum Durchsetzen persönlicher Interessen und forderte seinen Sohn hin und wieder auch dazu auf, sich in dieser Weise durchzusetzen.

Angst als Ursache von Aggression

Viele Psychologen und Pädagogen betonen die Rolle der Angst bei der Entstehung aggressiven Verhaltens. Insbesondere zeigt sich ein bei aggressiven Kindern spezifisch verändertes Wahrnehmungsvermögen: Situationen, die von anderen Kindern als harmlos angesehen werden, wirken auf diese bedrohlich, enthalten also für sie einen Appell zur Selbstverteidigung. Auch dies konnten wir bei Mehmet beobachten: Schon die Anwesenheit eines anderen Jungen änderte sein Verhalten. Er wurde unruhiger, schwitzte stärker und redete mehr und hastiger. Näherte sich der andere soweit, daß er zum Beispiel ein Bild betrachtete, das Mehmet gemalt hatte, ging dieser sofort zum Angriff über.

Mehmet hatte darüberhinaus persönliche Gründe, in einer Kindergruppe unsicher zu sein. Als Sohn eines deutschen Vaters und einer türkischen Mutter lebte er nach dem frühen Tod seiner Mutter zeitweilig bei der sehr verwöhnenden Großmutter in der Türkei, wenn sich der Vater wegen seiner psychischen Erkrankung in stationärer Behandlung befand. Das bedeutete für den Jungen nicht nur einen ständigen Wechsel des Erziehungsstils, der Bezugsperson und des gesamten kulturellen Umfeldes, sondern auch einen Mangel an Erfahrung im Umgang mit anderen Kindern.

Den Kreislauf angstbedingter Aggression[15] demonstriert die Abbildung 1

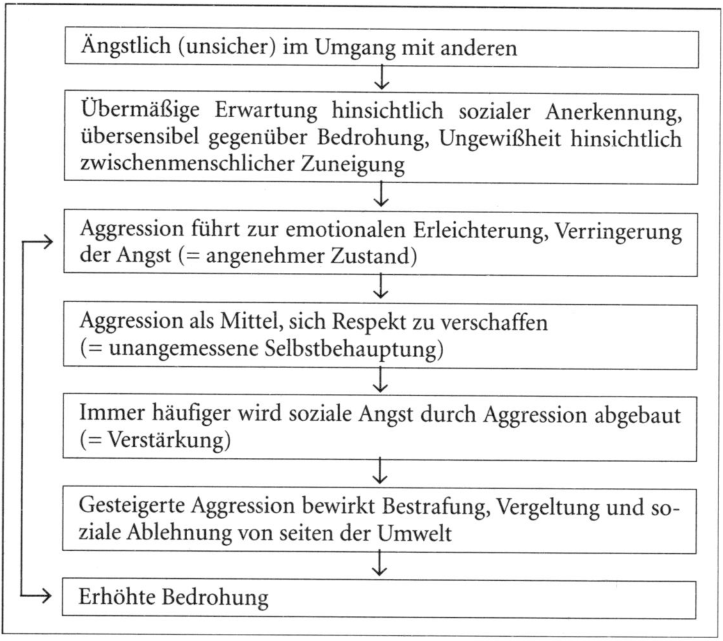

Abbildung 1: Kreislauf angstbedingter Aggression

Aggression als Folge eingeschränkter Handlungsauswahl

Noch etwas macht es den aggressiven Kindern neben allen anderen Gründen schwer, ihr Verhalten zu ändern: Sie verfügen in der Regel im Vergleich zu anderen Kindern nur über einen eingeschränkten Handlungsspielraum: Abwarten, überlegen, in Gedanken verschiedene Handlungsmöglichkeiten durchspielen, ist ihnen fast immer fremd. Sie handeln impulsiv, dabei sind ihnen Alternativen wie Ausweichen oder Verhandeln meist nicht geläufig.

[15] nach Petermann, F.und Petermann, U. 1984

Bei Mehmet zeigte die geringe Handlungsauswahl im Umgang mit anderen Kindern auch Parallelen im Handpuppenspiel: Er ließ immer wieder in gleicher Weise eine Puppe, mit der er sich identifizierte, eine andere fragen, ob diese sein Freund sein wolle. Ließ er die gefragte Puppe mit „nein" antworten, warf er sie mit den Worten in die Ecke: „Die ist böse, die muß sterben!". Die Puppen, die auf den ersten Blick als böse eingestuft wurden (Räuber, Zauberer, Krokodil, aber auch ein auf mich gutmütig wirkender alter Mann) wurden sofort „unschädlich" gemacht, sie wurden in die entfernteste Ecke geworfen. Erst beim dritten Mal, einige Wochen später, als Mehmet wieder mit Handpuppen spielte, ließ er sich darauf ein, nicht pauschal in gut und „muß getötet werden" zu unterscheiden. (Das Handpuppenspiel fand nicht in den Rhythmikstunden satt, sondern in Einzelstunden, die Mehmet im Wechsel mit den Gruppenstunden besuchte.)

Wir sind in unseren Schilderungen immer wieder auf Mehmet zurückgekommen. Natürlich gibt es zwischen aggressiven Kindern große Unterschiede. Vielleicht ermöglicht aber gerade dieses eine Beispiel, die Gemeinsamkeiten und die Unterschiede zu anderen Kindern zu erkennen. Wir werden Mehmet deswegen in Kapitel 3.4 wieder begegnen.

Erziehung und Aggressivität

Aggressives Verhalten kann in seiner Ausprägung bei ein und demselben Kind außerordentlich wechselhaft sein. Mal sind die Kinder völlig unauffällig, dann folgt scheinbar unerklärbar eine Stunde mit heftigster Aggressivität. Nur selten wird man dann erfahren, daß das Kind zu Hause geschlagen wurde, Mutter oder Vater betrunken waren oder lautstarke oder sogar gewaltätige Auseinandersetzungen zwischen den Familienmitgliedern stattgefunden haben. Meist hüllen sich nicht nur die Eltern, sondern auch das Kind in Schweigen, sei es aus Scham, oder sei es aus Angst, für das Weitererzählen dieser Dinge bestraft zu werden. Tatsächlich ist es aber so, daß das häusliche Millieu und das Erziehungsverhalten der Eltern eine ganz wesentliche Ursache für die Entstehung von aggressivem Verhalten ist. Die folgenden Merkmale einer solchen Erziehung lassen sich in unterschiedlicher Ausprägung immer wieder feststellen:

- *Widersprüchliches Erziehungsverhalten*

Der unberechenbare Wechsel zwischen gewähren lassen und bestrafen in vergleichbaren Situationen ist häufig zu beobachten bei Eltern aggressiver Kinder. Dies ist oft verbunden mit emotionalen Wechselbädern, wenn elterlicher Zorn und Verwöhnen in für das Kind undurchschaubarer Weise miteinander abwechseln. Auch die fehlende Einigkeit zwischen den Bezugspersonen, oft auch zwischen Eltern- und Großelterngeneration, wirkt sich sehr nachteilig aus. Schwerwiegende Folgen hat erzieherisches Verhalten, das einerseits Zucht und Ordnung verlangt, andererseits sich diesen Regeln nicht selbst unterwirft. Beispiele sind ein randalierender, betrunkener Vater, der von seinen Kindern Gehorsam und angepaßtes Verhalten erwartet oder einer, der Aggressivitäten der Kinder selbst mit Gewalttätigkeiten bestraft.

- *Zu viele oder zu wenige feste Regeln*

Zu viele Regeln, vor allem uneinsehbare Beschränkungen, provozieren den Widerspruchsgeist des Kindes und fordern die Auflehnung geradezu heraus. Besonders ungünstig ist, wenn auch durch gutes Verhalten kein Einfluß auf diese Regeln genommen werden kann. Die daraus resultierende Hilflosigkeit fördert nicht nur die Aggressivität, sondern hemmt die gesamte kindliche Entwicklung. Auch Kinder haben ein Recht auf Wirkung!

Das Gegenteil hiervon, der „Laissez-faire“ Stil, der keine Orientierungshilfe bietet, verunsichert das Kind und läßt es, wie schon erwähnt, diese Grenzenlosigkeit bis hin zu Aggressivitäten ausnutzen, wenn Wertmaßstäbe wie Rücksichtnahme und Mitgefühl ihm nicht nahegelegt werden. Auch *A. S. Neill*, der in Summerhill mit großem Engagement antiautoritäre Erziehung praktizierte, hat sich nicht für eine Erziehung ohne Grenzen eingesetzt: „In einem guten Heim haben Kinder *und Eltern* gleiche Rechte“[16]

[16] Neill, A. S. 1970, Seite 117

■ *Aggressive Vorbilder in der Familie*
Eltern, die prügeln, um sich durchzusetzen, sind automatisch hiermit auch Vorbild für ihre Kinder, die in Konfliktsituationen auf das erlebte Verhaltensrepertoire zurückgreifen. Die Art und Weise, wie in einer Familie Meinungsverschiedenheiten ausgetragen werden, beeinflußt das kindliche Verhalten stark: Wird verhandelt und versucht, Kompromisse zu finden oder setzt sich der Stärkere mit Schlagen, Schimpfen, Schreien oder Türknallen durch?

■ *Verstärken aggressiver Verhaltensweisen*
Es war schon die Rede vom Gewinn, den aggressives Verhalten einbringen kann. In dieser Weise wirkt Erziehungsverhalten verstärkend auf Aggressivitäten, wenn ein Kind erfährt, daß es sich mit Tobsuchtsanfällen wirksam durchsetzen kann. Ein häufig zu beobachtendes Beispiel aus dem Supermarkt:

> Ein Vierjähriger verlangt, seine Mutter solle ihm Süßigkeiten kaufen. Sie lehnt dies ab – der Ton verrät vielleicht schon Ambivalenz – woraufhin der Sohn ein ohrenbetäubendes Geschrei beginnt und sich auf den Boden wirft. Den Versuch, ihn von dort wegzuziehen, quittiert er mit Umsichschlagen und Treten. Die Mutter hält die peinliche Situation nicht aus und kauft das Gewünschte.

Es verwundert nicht, daß der Sieger diese Strategie bei nächster Gelegenheit wieder anwendet.

Aggressives Verhalten kann auch dadurch verstärkt werden, daß es gelobt wird nach dem Motto: „Dem hast Du es aber mal richtig gezeigt!", oder: „Laß Dir nichts gefallen, hau ihm eine runter, wenn er Dir wieder was wegnimmt!"

Vielen Eltern (und Erziehern) ist nicht bewußt, daß sie die kindliche Aggressivität mit vermehrter Aufmerksamkeit belohnen und dadurch verstärken. Häufig werden Kinder nicht beachtet, so lange sie friedlich miteinander spielen. Gibt es aber Streit und Geschrei, sind die Eltern sofort zur Stelle, um sich mit ihnen zu beschäftigen. Dieses Prinzip wird auch schon von kleinen Kindern begriffen.

- *Dulden von aggressivem Verhalten*

Nichtbeachten von Aggressivität hat zwei Seiten: Zwar kann die Zuwendung der Aufmerksamkeit als Belohnung wirken, aber andererseits ist eine Erziehung, die duldet, daß sich der Rücksichtslosere Vorteile verschafft, geeignet, derartiges Durchsetzen zu fördern. Sieht die Mutter, wie ihr Kind einem Schwächeren etwas wegnimmt, und greift sie nicht ein, erkennt dies das Kind und wird auch beim nächsten Mal wieder so handeln.

Aggressives Verhalten darf sich nicht stabilisieren

Aggressives Verhalten, das schon in der Kindheit auftritt, ist häufig sehr stabil und wird meist auch im Erwachsenenalter beibehalten. Besonders im Jugendalter resultieren daraus nicht selten kriminelle Handlungen wie Sachbeschädigung oder Schlägereien. Es gilt deswegen, so früh wie möglich dieses Verhalten zu erkennen und brauchbare Handlungsalternativen zu vermitteln. Wir werden hierauf im Abschnitt über Rhythmik mit aggressiven Kindern noch einmal zurückkommen. (Kapitel 3.4)

1.4 Minimale cerebrale Dysfunktion (MCD), Hyperaktivität, Aufmerksamkeitsstörung und Teilleistungsstörungen

> „Er gaukelt und schaukelt, er trappelt und zappelt auf dem Stuhle hin und her."

Wer kennt ihn nicht, den Zappelphilipp aus dem Struwwelpeter, den der Arzt *Heinrich Hoffmann* 1847 so treffend beschrieben hat! Und welcher Erzieher kennt nicht auch heute Kinder, die keinen Augenblick stillsitzen können, die sich nicht auf eine Sache konzentrieren können und die sich mit ihrer ständigen Unruhe in keine Gruppe einfügen können. Mit diesen Kindern, die mit ihren Schwierigkeiten sich und den anderen das Leben schwer machen, wollen wir uns in diesem Kapitel befassen.

Es geht in diesem Abschnitt nicht darum, eine bestimmte Verhaltensstörung aufzuzeigen, sondern wir haben es mit einer Vielzahl von auch das Verhalten betreffenden Symptomen zu tun, die von Kind zu Kind in unterschiedlicher Kombination auftreten können. Diese Störungen, über die unter anderem in Amerika nach einer epidemieartig aufgetretenen Gehirnentzündung in den 20er Jahren in ähnlicher Kombination berichtet wurde, lassen sich folgendermaßen charakterisieren:

- Verhaltensauffälligkeiten im Emotional- und Lernverhalten bei zumindest durchschnittlicher Intelligenz
- abnorme Motorik: gesteigerte motorische Unruhe (Hyperaktivität) oder Bewegungsarmut
- Bewegungs- oder Koordinationsstörungen
- Konzentrationsschwäche, Ablenkbarkeit, Nervosität, rasche Ermüdung
- Wahrnehmungsstörungen im visuellen, taktilen, kinästhetischen (d. h. die Bewegungswahrnehmung oder das Körpergefühl betreffend) oder auditiven Bereich
- psychische und soziale Fehlentwicklungen
- Sprachauffälligkeiten

Die „minimale cerebrale Dysfunktion"

In den 50er und 60er Jahren wurde festgestellt, das schädigende Einflüsse vor der Geburt oder in der frühesten Kindheit zu Hirnschäden führen können, die sich nicht in schwerer körperlicher oder geistiger Behinderung zeigen müssen, sondern sich auch in eher unauffälligen Störungen äußern können: Das Konzept der minimalen Hirnschädigung oder minimalen Cerebralparese („minimal brain damage“) als Erklärung der verschiedenen, oben aufgezählten Auffälligkeiten war entstanden. Weil insbesondere relativ häufig vorkommende Probleme für die Entstehung der minimalen Hirnschädigung verantwortlich gemacht wurden wie z. B. langdauernde Geburt, leichte Blauverfärbung nach der Geburt oder Neugeborenengelbsucht, wurde diese Diagnose sehr häufig gestellt: Bis zu 18 % aller Kinder sollten eine solche Hirnschädigung erlitten haben!

Spätere genauere Überprüfungen haben ergeben, daß bei vielen

Kindern mit ähnlichen Leistungs- und Verhaltensstörungen keine derartigen schädigenden Einflüsse vorhanden waren, sondern andere Ursachen für die beobachteten Auffälligkeiten vorhanden sein mußten, wie z. B. erbliche Faktoren. In dieser Situation entstand der auch heute noch häufig benutzte Begriff der minimalen cerebralen Dysfunktion („MCD"), der genau genommen nichts über die Ursache der Hirnstörung aussagt. Man verwendet heute den Begriff „MCD" (oder „frühkindliches psychorganisches Syndrom", abgekürzt POS), um bei Kindern mit zumindest annähernd normaler Intelligenz charakteristische Lernstörungen, Verhaltensstörungen oder motorische Störungen unter einem gemeinsamen Überbegriff zusammenzufassen. Charakteristisch bedeutet hierbei, daß sich Anzeichen einer Funktionsstörung des Zentralnervensystems finden, wie beispielsweise Wahrnehmungsstörungen, Gedächtnisstörungen, Auffälligkeiten bei der neurologischen Untersuchung, Veränderungen der Hirnstromkurve (EEG) und Bewegungsanomalien wie Bewegungsunruhe, unwillkürliche Mitbewegungen und Störungen der Grob- und Feinkoordination.

Sehr viele Kinderpsychiater und Neurologen sind heute der Meinung, daß die Diagnose MCD ein zu globaler Begriff ist, weil die Symptome von Kind zu Kind in ganz unterschiedlichen Kombinationen vorkommen. Sie vermeiden den Begriff deswegen, zumal einzelne der aufgeführten Auffälligkeiten auch bei sonst unauffälligen Kindern auftreten können, und beschreiben stattdessen die tatsächlich beobachteten Störungen. Es besteht auch aufgrund der allgemeinen Bekanntheit der Diagnose MCD die Gefahr, daß Kinder wegen bedeutungsloser Besonderheiten von nicht fachlich ausgebildeten Beobachtern als MCD-Kinder eingestuft werden, oft verbunden mit entsprechend negativen Erwartungen der Umgebung und den daraus folgenden ungünstigen Konsequenzen.

Hyperkinetisches Syndrom und Aufmerksamkeitsstörung

Ein Teil der Kinder, von denen eben die Rede war, zeigt als auffälligstes Problem eine ständige körperliche Unruhe und eine verkürzte Aufmerksamkeitsspanne. Auch wenn eine klare Abgrenzung zur ohnehin nicht eindeutig definierten MCD nicht besteht, wird die

Störung dieser Kinder aufgrund des zu beobachtenden Verhaltens meist mit der medizinischen Diagnose eines „hyperkinetischen Syndroms" bezeichnet. Wörtlich übersetzt bedeutet das etwa: Kombination von Symptomen mit verstärkter Bewegung. Neuerdings wird häufig bei der Beschreibung der Störung vermehrt der zweite Anteil der Auffälligkeiten in den Vordergrund gerückt und von aufmerksamkeitsgestörten Kindern gesprochen.

Die statistischen Zahlen, die für diese Störung angegeben werden, schwanken erheblich. *Rutter*[17] fand bei einer sorgfältigen Studie auf der Isle of Wight bei weniger als 1% aller 10-11jährigen Jungen ein hyperkinetisches Syndrom. *Wender*[18] diagnostizierte 1971 bei 15% aller Jungen im Schulalter eine Hyperaktivität. Neuere Untersuchungen gehen davon aus, daß 3–10 Prozent der Schulkinder hyperaktiv sind[19]. Jungen sind um ein Vielfaches häufiger betroffen als Mädchen.

Nach im medizinischen Bereich üblichen Kriterien wird die Diagnose einer Aufmerksamkeits- und Hyperaktivitätsstörung gestellt, wenn über mindestens sechs Monate mindestens acht der folgenden Anzeichen auftreten. Dabei müssen die Verhaltensweisen vor Vollendung des 7. Lebensjahres beginnen, ohne daß tiefgreifende Entwicklungsstörungen vorliegen, und beträchtlich häufiger vorkommen, als dies bei den meisten Personen mit gleichem Entwicklungsalter der Fall ist[20]. (Die Reihenfolge der Punkte ist so gewählt, daß der Grad der Differenzierbarkeit nach unten abnimmt.)

Der Betroffene

(1) zappelt häufig mit Händen oder Füßen oder windet sich in seinem Sitz (bei Jugendlichen kann sich dies auf subjektive Empfindungen von Rastlosigkeit beschränken);

(2) kann nur schwer sitzen bleiben, wenn dies von ihm verlangt wird;

[17] Rutter, M. 1970

[18] Wender, 1971

[19] Schlottke, 1993

[20] Diagnostische Kriterien und Differentialdiagnosen des Diagnostischen und Statistischen Manuals Psychischer Störungen DSM-III-R, Beltz, Weinheim/Basel 1989

(3) wird leicht durch äußere Reize abgelenkt;
(4) kann bei Spiel- oder Gruppensituationen nur schwer warten, bis er an der Reihe ist;
(5) platzt oft mit der Antwort heraus, bevor die Fragen vollständig gestellt sind;
(6) hat Schwierigkeiten, Aufträge anderer vollständig auszuführen (nicht bedingt durch oppositionelles Verhalten oder Verständnisschwierigkeiten), beendet beispielsweise die Hausaufgaben nicht;
(7) hat Schwierigkeiten, bei Aufgaben oder Spielen länger aufmerksam zu sein;
(8) wechselt häufig von einer nicht beendeten Aktivität zu einer anderen;
(9) kann nur schwer ruhig spielen;
(10) redet häufig übermäßig viel;
(11) unterbricht oft andere oder drängt sich diesen auf, platzt z. B. ins Spiel anderer Kinder hinein;
(12) scheint häufig nicht zuzuhören, wenn andere mit ihm sprechen;
(13) verliert häufig Gegenstände, die er für Aufgaben und Aktivitäten in der Schule oder zu Hause benötigt (z. B. Spielzeug, Bleistifte, Bücher, Anweisungen);
(14) unternimmt oft ohne Rücksicht auf mögliche Folgen körperlich gefährliche Aktivitäten (nicht aus Abenteuerlust), rennt z. B. ohne zu schauen auf die Straße.

Nach den theoretischen Ausführungen nun ein Beispiel:

> Felix H., 4 Jahre alt, sollte von mir anläßlich der Vorsorgeuntersuchung U 8 kinderärztlich untersucht werden: Während des kurzen Vorgespräches mit der Mutter rennt Felix mehrmals quer durchs Zimmer, öffnet und schließt immer wieder den Abfalleimer und mehrere Schubladen, dreht den Wasserhahn auf und zu, klettert auf die Untersuchungsliege und springt aus dem Stand wieder herunter. Ein Abhören des Kindes ist so gut wie unmöglich, weil wegen der ständigen Zappeligkeit das Stethoskop nicht für die Dauer eines Atemzuges an einer Stelle gehalten werden kann. Zwischendurch krabbelt Felix davon, nimmt sich

den größten Teil der zur Munduntersuchung bereitstehenden Holzspatel, läßt sie wieder fallen und erklimmt schließlich den etwa 1 m hohen Untersuchungstisch für Säuglinge, um auch von dort aus dem Stand auf den Holzboden herabzuspringen. Meine weitgehend vergeblichen Versuche, ihn zu untersuchen, beachtet er so gut wie gar nicht.

Frau H. berichtet noch, daß Felix keine Freunde habe. Aus dem Kindergarten mußte er wieder herausgenommen werden, weil er aggressiv zu den anderen Kindern war und häufig Dinge zerstörte. Bei Gruppenspielen hielte er sich nie an an die bestehenden Regeln und wirke auch dadurch als Störenfried. Häufig bekäme er aus nichtigen Anlässen Wutausbrüche oder beginne zu weinen.

An diesem Beispiel werden viele Zeichen eines hyperkinetischen Syndroms sichtbar: die ständige körperliche Unruhe, die kurze Aufmerksamkeitsspanne und vermehrte Ablenkbarkeit, mangelnde emotionale Kontrolle, die sich in Wutausbrüchen, Weinen oder Aggressivität äußert und als Folge davon die soziale Fehlentwicklung. Auch werden die Bedürfnisse der anderen nicht wahrgenommen, Regeln oft nicht als solche erkannt. Typisch auch die verstärkte Unfallgefährdung: Das Springen aus dem Stand aus einem Meter Höhe auf harten Boden wäre für normale 4jährige ein sehr ungewöhnliches Verhalten.

Bei Felix noch nicht zu beobachten sind die Probleme, die mit der Einschulung zusammenhängen: Die Aufmerksamkeitsstörung wirkt sich negativ auf die Schulleistung aus, und bei einem Teil der Kinder treten noch weitere Teilleistungsschwächen hinzu. Minderwertigkeitsgefühle, Mißerfolgserwartung und die häufig eingeschränkte Frustrationstoleranz führen zum schnellen Aufgeben und lassen die Kinder in ihrer Leistung weiter abfallen.

Charakteristisch für die am Beispiel von Felix aufgezeigten Symptome ist ihr wechselndes Auftreten, variabel sowohl von Kind zu Kind, als auch für jedes einzelne Kind von Situation zu Situation. Häufig können die Kinder in der Einzelbeziehung und bei guter Motivation angemessen reagieren, mitunter auch eine ausreichende Aufmerksamkeitsspanne haben, sind dann jedoch in der Gruppe wieder außer Rand und Band.

Ein wichtiger Aspekt der Störung muß noch berücksichtigt werden: Die ständige Zurückweisung, die diese Kinder auf Grund ihres Verhaltens erfahren, zieht häufig ein niedriges Selbstwertgefühl, depressive Grundstimmung, aber auch eine Verstärkung der aggressiven Verhaltensweisen nach sich. Häufig wird auch die Rolle des Klassenkaspers eingenommen, weil Anerkennung für tatsächliche Leistungen ausbleibt. Häufig und besonders in der Familie tritt dann der Teufelskreis ein: ungünstiges Kindverhalten führt zu ungünstiger Reaktion der Umwelt, was wiederum das ungünstige Kindverhalten verstärkt. Der Kinderpsychiater *Lempp* formulierte, daß sich das derart gestörte Kind (er bezog es auf die leichte frühkindliche Hirnschädigung) seine pathogene (krankmachende) Umgebung selbst schaffe.

Ursachen der Hyperaktivität

Häufig wird vor allem in Laienkreisen angenommen, daß Hyperaktivität durch Nahrungsbestandteile verursacht würde. Dies wird von wissenschaftlich orientierten Medizinern weitgehend abgelehnt. In Deutschland ist die Ansicht weit verbreitet, daß die Störung auf eine überhöhte Phosphataufnahme mit der Nahrung zurückgehe[21]. Andererseits werden auch Zucker, Schwermetalle und viele andere Bestandteile der Nahrung angeschuldigt, als „allergische Reaktion" Hyperaktivität auszulösen. Tatsächlich ist es so, daß viele Eltern über dramatische Verhaltensverbesserungen ihrer Kinder berichten, wenn eine strenge Diät eingehalten wird. Andererseits ließen sich die Effekte nicht bestätigen, wenn wissenschaftlich einwandfreie Versuche durchgeführt wurden, bei denen der Beobachter und auch das Kind nicht wußten, wann eine Diät gegeben wurde. Dieser Widerspruch ist bis heute offen, könnte aber vielleicht dadurch erklärt werden, daß schon die Überzeugung, eine Ursache für die Störung gefunden zu haben, und das Reglement einer strengen Diät geeignet sind, das Verhalten der hyperaktiven Kinder zu verändern.

Eine einheitliche Ursache bei allen Kindern mit Hyperaktivität gibt es, so weit man heute weiß, nicht. Es gibt jedoch viele Hinweise darauf, daß zumindest für einen Teil der betroffenen Kinder erbliche

[21] Flade, S., 1988

Faktoren eine Rolle spielen, die zu Funktionsstörungen in bestimmten Hirnteilen führen. Auch erworbene Hirnschäden kommen als Ursache in Frage. Die ausschließliche Verursachung von Aufmerksamkeitsstörung und Hyperaktivität durch ein ungünstiges familiäres Umfeld scheint weniger wahrscheinlich, als daß die äußeren Bedingungen bei entsprechender Veranlagung das Auftreten der Störung begünstigen. Es ist jedoch in der Regel unmöglich festzustellen, ob das ungünstige Familienklima erst auf Grund der Störung des Kindes entstanden ist oder aber ob die Familienstörung das Kind krank gemacht hat.

Hilfen für das hyperkinetische Kind

Kinder mit einem hyperkinetischen Syndrom haben Probleme in vielen verschiedenen Bereichen. Entsprechend muß auch eine Behandlung in der Regel verschiedene Therapie- und Trainingsformen einbeziehen, um dem Kind in den Punkten zu helfen, wo Probleme vorhanden sind. Dies kann geschehen zum Beispiel durch Behandlung eventuell vorhandener Teilleistungsstörungen (s.u.), durch Familientherapie, insbesondere auch durch Methoden der Verhaltenstherapie, die besonders geeignet sind, die Selbstkontrolle zu verbessern. Daneben kommen noch andere Behandlungsmethoden in Betracht, die hier nicht alle im Einzelnen aufgeführt werden können. Welche Möglichkeiten eine Rhythmikguppe bietet, aber auch, welche Probleme hierbei entstehen können, wird in Kapitel 3.5 dargestellt.

Eine bei vielen hyperaktiven Kindern sehr wirkungsvolle Behandlung ist die Gabe von bestimmten Psychopharmaka, also Medikamenten, die auf die Psyche wirken. Paradoxerweise wirken in der Regel nicht Beruhigungsmittel günstig, sondern „Psychostimulanzien", die auf den Normalen eine anregende Wirkung haben, bessern die Verhaltensprobleme bei den meisten hyperaktiven und aufmerksamkeitsgestörten Kindern. Bei vielen Eltern und Erziehern bestehen große Vorbehalte gegen eine solche Therapie. Dabei wird oft übersehen, daß eine medikamentöse Behandlung unter Umständen die entscheidende Hilfe für das betroffene Kind ist, die ihm die soziale Eingliederung und eine befriedigende schulische Laufbahn erst ermöglicht. Sogar das Abgleiten in eine Drogenabhängigkeit tritt bei entsprechend behandelten Kindern und Jugendlichen seltener ein, als bei unbehandelten. Die Entscheidung über eine solche Behandlung muß natürlich immer gemeinsam mit einem in dieser Therapie erfahrenen Arzt erfolgen und ist immer zunächst nur ein Behandlungsversuch, dessen Fortsetzung vom Erfolg abhängig zu machen ist. Eine Behandlung mit Psychopharmaka erfolgt in aller Regel auch erst im Schulalter und muß immer mit weiteren Maßnahmen kombiniert werden.

Teilleistungsstörungen

Zu Beginn dieses Kapitels wurde ausgeführt, was mit dem Begriff der MCD üblicherweise gemeint ist. Danach folgte die Darstellung des hyperkinetischen Syndroms beziehungsweise der Aufmerksamkeitsstörung. Diese beiden Diagnosen lassen sich wegen verschiedener Überschneidungen und ungenügender Definition des Begriffs „MCD" im Einzelfall häufig nicht eindeutig voneinander abgrenzen. Auf Felix bezogen bedeutet dies, daß ein Untersucher der Mutter mitteilt, ihr Kind habe eine minimale cerebrale Dysfunktion, während ein anderer von einem hyperkinetischen Syndrom spricht, und aus dem jeweiligen Blickwinkel haben beide recht.

Wir treffen relativ häufig in durchschnittlichen Kindergruppen Kinder an, die sich von ihren Altersgenossen eben durch die zu Beginn dieses Kapitels aufgeführten Probleme unterscheiden. Es kann sein, daß ihre Bewegungen anders sind oder daß ihre Sprache auffällig ist. Vielleicht scheinen sie auch manche Dinge einfach nicht lernen oder nicht begreifen zu können (oder zu wollen??), und bei manchen stehen die emotionalen Ausbrüche in keinem Verhältnis zum Anlaß. Als Kinderärztin werden mir diese Kinder häufig mit der Frage vorgestellt, ob nicht vielleicht eine MCD vorliegen könnte. In vielen Fällen wird nach den allgemein üblichen Kriterien die Frage mit „ja" zu beantworten sein, aber damit ist meist weder dem Erzieher noch dem Kind geholfen: Der Begriff ist viel zu global, um für ein einzelnes Kind konkrete Hilfen daraus ableiten zu können. Viele Psychologen und zum Teil auch Kinderärzte sind deswegen dazu übergegangen, die Diagnose einer MCD zu vermeiden und statt dessen zu prüfen, ob und in welcher Weise sogenannte Teilleistungsstörungen bestehen. Man versteht unter Teilleistungsstörung eine

„Leistungsminderung einzelner Glieder innerhalb eines größeren funktionellen Systems, das zur Bewältigung einer bestimmten komplexen Aufgabe erforderlich ist. ... Diese Definition läßt offen, ob Teilleistungsstörungen reifungs- oder entwicklungsbedingt sind, auf organisch endgültig fixierten Defekten beruhen, oder durch psychosoziale Bedingungen verursacht sind.“[22]

Ehe wir uns weiteren Einzelheiten zuwenden, wollen wir Matthias kennenlernen, einen in seinem sozialen Verhalten sehr umgänglichen und schon auf den ersten Blick und auch im weiteren Kontakt sehr liebenswürdigen Jungen.

Matthias ist der mittlere von drei Brüdern. Aus der frühen Kindheit sind keine schwerwiegenden Besonderheiten zu berichten. Im Alter von genau 7 Jahren wurde er wegen großer Angst vor der bevorstehenden Einschulung einem sehr namhaften Kinderpsychiater vorgestellt. Dies sind einige Zeilen aus dem damals geschriebenen Bericht:

„Die Vorstellung erfolgte wegen gewisser Erziehungsschwierigkeiten und befürchteter Schulprobleme. Matthias wurde vor einem Jahr zurückgestellt und weigert sich nach Ansicht der Eltern auch jetzt noch, zur Schule zu gehen. Er möchte einfach nicht schreiben, malen oder basteln. Sie meinen, er sei feinmotorisch gestört. ... Bei einer psychologischen Testuntersuchung ergab sich eine gute normale Begabung... Auffällig ist sein Verhalten insofern, als er allen Anforderungen mit der Feststellung: das kann ich nicht, auszuweichen versucht... Er traut sich selbst weniger zu als er kann... Offenbar wurde vom Rektor der Schule bereits von Sonderschule gesprochen. Das kommt in diesem Fall sicher nicht in Frage, da an der Normalbegabung gar kein Zweifel sein kann.“

3½ Jahre später wird Matthias in derselben Universitätsklinik wie damals einem Psychologen vorgestellt. Er ist jetzt 10 Jahre alt und besucht die 3. Klasse der Grundschule. In der Schule machen seine absolut ungenügenden Leistungen in Textilem Werken und Bildender Kunst Probleme. Im Diktat ist er sehr gut, im Aufsatz schneidet

[22] Karch, D., 1989 S. 80 (Def.: Graichen 1979)

er mit mangelhaft ab. In Mathematik kann er Textaufgaben nicht lösen, weil er den Text nicht in Zahlenoperationen umsetzen kann. Große Probleme gibt es auch im Sport. Bei der jetzigen genaueren Untersuchung offenbart sich eine Vielzahl von Störungen.

Auch wenn vielleicht für den Leser verschiedene Begriffe unverständlich bleiben, sollen einige Sätze aus dem mehrere Seiten langen Bericht des Psychologen wiedergegeben werden:

„Neben allgemeineren und leichteren Schwierigkeiten mit der Daueraufmerksamkeit bei Anforderungen von außen bestehen vor allem ausgeprägte Dyspraxien sowohl manuell als auch im Gesichts/ Mundbereich, ... schließlich eine recht gravierende konstruktive Dyspraxie bei der analytisch-synthetischen Verarbeitung von Figur- und Formmustern; und endlich ... eine Einschränkung in der Simultanbeachtung verschiedener Merkmalsdimensionen... Insbesondere schleichen sich schon bei alternierenden Bewegungsmustern geradezu abenteuerlich falsche Bewegungsmuster ... mit ein. Es kommt schließlich zu einem wirklichen Bewegungsbrei. Ganz besonders abenteuerlich aber werden die Schwächen im visuo-konstruktiven Bereich. Dabei sind schon die visuellen Kurzspeicherleistungen deutlich eingeschränkt...“

Durch diesen Befund war Matthias endlich vom Stigma befreit, daß er könne, wenn er bloß wolle. Die Empfehlung lautete jetzt, eben an diesen Grundproblemen mit gezielter Förderung einzusetzen, was in unterschiedlicher Weise und auch durch eine heilpädagogisch orientierte Rhythmikgruppe geschah. Es soll noch erwähnt werden, daß der beruflich erfolgreiche Vater von Matthias auf genaueres Befragen angab, selbst ähnliche Probleme zu haben wie sein Sohn: Besonders belastend war für ihn der Wehrdienst, weil er feinmotorische Handlungen wie das Reinigen eines Gewehrs nicht ausführen konnte. Verhaltensprobleme standen bei Matthias nie im Vordergrund und auch jetzt berichten die Eltern lediglich, daß er auf eigene Schwächen sehr häufig mit kaum einfühlbarer Verzweiflung reagiere.

Im Untersuchungsbericht des Psychologen tauchen verschiedene

Begriffe auf, die Teilleistungsschwächen bezeichnen, zum Beispiel eine Störung der „visuellen Kurzspeicherleistung“, also eine Beeinträchtigung des Gedächtnisses für optisch wahrgenommene Dinge oder eine „Dyspraxie im Gesichts/Mundbereich“, das heißt eine Störung der Ausführung gelernter Zweckbewegungen im Gesichts- und Mundbereich, die nicht durch Lähmungen oder damit vergleichbare Beeinträchtigungen verursacht ist.

Teilleistungsstörungen sind also aus dem sonstigen Leistungsniveau des Kindes herausfallende Schwächen und werden als Ursache für manche Verhaltensauffälligkeiten angesehen, außerdem unter anderem auch für verschiedene Sprachstörungen, Konzentrationsmangel und motorische Ungeschicklichkeit sowie Lese-Rechtschreibschwäche. Sie können auch zu besonderen Schwierigkeiten in einer Rhythmikgruppe oder beim Erlernen eines Instrumentes führen. Die Definition der Teilleistungsstörungen ist nicht einheitlich. Manche Autoren verstehen darunter die Störung einer komplexen Hirnleistung (die Lese-Rechtschreibschwäche wäre demnach eine Teilleistungsstörung). Wir schließen uns hingegen Graichen an, auf den der Begriff der Teilleistungsstörung zurückgeht, und vielen anderen Autoren, und meinen die diesen Schwächen zugrunde liegenden neuropsychologischen Basisdefekte[23]. Unter Teilleistungen werden in diesem Fall die Leistungen des Gehirns verstanden, die wesentliche Voraussetzung für die Entwicklung bzw. das Erlernen aller komplexen psychischen und physischen Tätigkeiten sind. Auf der Grundlage und im Zusammenspiel solcher Teilleistungen lernen Kinder Sprechen und Denken, Lesen, Schreiben, Rechnen, aber auch situationsgemäßes und soziales Handeln. Teilleistungsstörungen können an jeder Stelle der komplizierten Reizaufnahme-, Reizverarbeitungs- und Wiedergabeprozesse, die in der ständigen Auseinandersetzung mit der Umwelt und dem Körper erforderlich sind, bestehen. Je nach ihrer Bedeutung stören die unvollkommenen Teilfunktionen nur unwesentliche Teilbereiche oder aber das ganze System. Führen sie zum Beispiel zu einer grobmotorische Ungeschicklichkeit, wird eine

[23] Der Begriff „umschriebene Entwicklungsstörung“ wird zunehmend in der medizinischen Literatur (nach der „Internationalen Klassifikation psychischer Störungen“) verwendet. Womit Störung der integrativen Leistung also z. B. Leseschwäche gemeint ist.

schlechte Note im Sport die Folge sein. Betrifft die Störung aber Bereiche, die für das Lesen und Schreiben benötigt werden, wirkt sie sich viel gravierender aus. Leider besteht ein umfassendes Verständnis für die komplexen Zusammenhänge auch heute noch nicht. Eine Darstellung der bekannten Einzelheiten würde an dieser Stelle zu weit führen, so daß nur einige häufige Störungen herausgegriffen werden sollen.

Von Wahrnehmungsstörungen spricht man dann, wenn die Störung im Bereich der Reizaufnahmeprozesse, also in der Verarbeitung der Sinnesreize liegt. Im visuellen Bereich kommen u. a. Störungen der Figur-Hintergrund Wahrnehmung und ähnlicher Prozesse vor: Die Betroffenen haben Schwierigkeiten, ein zusammenhängendes Bild zu erfassen, es wird nicht klar vom Hintergrund abgegrenzt (Abb. 2 B) oder unwichtige Details werden als wichtig wahrgenommen (Abb. 2 C), auch sind die Konturen undeutlicher (Abb. 2 D)[24]. Dies kann sich so auswirken, daß mehr Zeit zum Erkennen gebraucht wird, die gewonnenen Eindrücke aber auch schneller wieder verschwinden, das heißt, schlechter im Gedächtnis behalten werden. Vergleichbare Störungen kommen u. a. auch im akustischen Bereich vor: Aus den Umgebungsgeräuschen können die wichtigen Informationen nicht ausreichend herausgehört und wahrgenommen werden. Derartige visuelle und auditive Wahrnehmungstörungen spielen bei Kindern mit Lese-Rechtschreibschwächen offenbar eine große Rolle. Wahrnehmungsstörungen können u. a. auch bei der Körperwahrnehmung (taktil-kinästhetischer Bereich) auftreten, was Ungeschicklichkeit zur Folge haben kann.

- Die Bildung von Überbegriffen bzw. Regeln kann erschwert sein. Viele Lernsituationen, auch im sozialen Bereich, müssen jeweils neu erarbeitet werden, wobei häufig Schwierigkeiten bestehen, Erkenntnisse von einer Situation auf eine andere zu übertragen.
- Die gleichzeitige Beachtung verschiedener Parameter kann Schwierigkeiten bereiten, was zu Problemen bei komplizierten Aufgabenstellungen führen kann.

[24] Abbildungen von Arm, B.: unveröffentlichtes Referat und persönliche Mitteilung.

■ *Auch das Erfassen und Wiedergeben von Rhythmen kann gestört sein.*

Abb. 2a *Abb. 2b* *Abb. 2c* *Abb. 2d*

Es ist für jeden Erzieher wichtig zu wissen, daß es derartige Störungen gibt, auch wenn die genaue Diagnostik immer dem Fachmann vorbehalten bleibt. Auch der Rhythmiklehrer sollte derartige Schwächen bemerken, Verständnis dafür haben und, wenn dies möglich und nötig erscheint, darauf hinwirken, daß den Kindern eine gezielte Förderung zukommt. Oft kann er auch mit einer behutsamen Förderung einsetzen. In aller Regel orientiert sich die Therapie dieser Störungen direkt am Symptom: Ist ein Kind beispielsweise ungeschickt, so ist es nötig, Geschicklichkeit zu üben, aber unbedingt, ohne das Kind zu frustrieren. Ein Beispiel einer solchen einfühlsamen Förderung ist in Kapitel 3.2 in der Schilderung von A. Höllering wiedergegeben. Weitere Anregungen finden sich in Kapitel 3.5.

2 Methoden, die verhaltensgestörten Kindern helfen können

Welche Möglichkeiten gibt es nun, diesen in ihrem Verhalten beeinträchtigten Kinden zu helfen? Von der mittlerweile fast unübersehbaren Vielzahl von Methoden wollen wir einige herausgreifen, deren Ansätze und Erfahrungen dem Rhythmiklehrer wichtige Anregungen geben können. Die Rhythmik selbst und besonders die von *Mimi Scheiblauer* begründete heilpädagogische Rhythmik bietet viele Möglichkeiten, den Kindern zu einer besseren Interaktion mit ihrer Umgebung zu verhelfen. Wenn hier verschiedene therapeutische Methoden aufgeführt werden, so geschieht das, um Gemeinsamkeiten aufzuzeigen und die Anteile therapeutischer Verfahren zu verdeutlichen, die in der Rhythmik auch immer wirksam werden oder wirksam werden können.

2.1 Heilpädagogik

Die aus der Mitte des 19. Jahrhunderts stammende Bezeichnung „Heilpädagogik“ ist ein Überbegriff, der sich auf ein Überschneidungsgebiet zwischen Medizin und Pädagogik bezieht. *Heinrich Hanselmann,* der in Zürich den ersten Lehrstuhl für Heilpädagogik in Europa innehatte, verstand hierunter die „Theorie und Praxis vom Unterricht, von der Erziehung und Fürsorge aller jener Kinder, deren körperlich-seelische Entwicklung dauernd durch individuelle und soziale Faktoren gehemmt ist“[25]. Die Heilpädagogik hilft also Kindern mit körperlichen und geistigen Behinderungen, aber auch solchen, deren Entwicklung nur in einzelnen Bereichen gestört oder verzögert ist. Auch Kindern mit Verhaltensstörungen nimmt sich die Heilpädagogik an.

Am Beginn einer solchen heilpädagogischen Förderung steht immer die Erhebung einer genauen Krankengeschichte, bei der das

[25] Wurst, F., 1986.

Augenmerk besonders auch auf das soziale Umfeld gerichtet wird. Anschließend wird durch Spiel- und Verhaltensbeobachtung und eventuell auch durch Testverfahren der derzeitige Entwicklungsstand und die bestehenden Probleme festgestellt. Auf diesem Hintergrund werden die Schwerpunkte der Behandlung festgelegt. Dabei bedient sich die Heilpädagogik verschiedener übender und entfaltender Methoden wie der Spieltherapie, der Musik- und Bewegungstherapie, der heilpädagogischen Übungsbehandlung und der Rhythmik.

Schon aus dieser Aufzählung der eingesetzten Methoden wird deutlich, daß diverse Überschneidungen zwischen Rhythmik und Heilpädagogik bestehen. Weitere Parallelen bestehen in der Hinsicht, daß immer vom augenblicklichen Entwicklungsstand und den individuellen Möglichkeiten des Kindes ausgegangen wird und nicht von einer allgemeinen Altersnorm. Diesen wichtigen Grundsatz sollte auch der Leiter einer Rhythmikgruppe nie vergessen.

Als wichtige Anregung kann dem Rhythmiklehrer auch das dienen, was in Vorbereitung der eigentlichen Heilpädagogik geschieht, nämlich das genaue Beobachten und Beschreiben des gestörten Verhaltens sowie das Erstellen eines Planes, in dem festgelegt wird, auf welchen Gebieten und in welcher Weise dem Kind geholfen werden soll. Wenn man eine Kindergruppe leitet, kommt man oftmals nur bis zu der Erkenntnis, daß ein Kind irgendwelche Auffälligkeiten zeigt. Eine genaue und systematische Beobachtung unterbleibt meist in der täglichen Routine. Oftmals ist aber bereits das Aufschreiben der Beobachtungen und das Ausarbeiten eines schriftlichen „Förderungsplanes" ein großer Schritt zur Hilfe für das Kind. An diesem Punkt kann es ratsam sein, einen „Fachmann" mit einer entsprechenden Ausbildung um Unterstützung zu bitten. Darauf, wie dies geschehen kann, kommen wir in Kapitel 4 noch zurück. Eine Anregung für eine genaue Verhaltensanalyse findet sich im folgenden Abschnitt.

2.2 Verhaltenstherapie

1924[26] behandelte *M. C. Jones* einen Jungen mit Namen Peter (2 Jahre und zehn Monate alt), der Angst vor Kaninchen hatte. Sie schreibt:

> *„Wenn das Kind Hunger hat, setzt man es auf einen hohen Stuhl und gibt ihm etwas zu essen. Man bringt das angstauslösende Objekt herein, worauf das Kind negativ reagiert. Das Objekt wird allmählich wieder zurückgezogen, bis der Abstand groß genug ist, daß das Kind sich beim Essen nicht gestört fühlt... Während das Kind ißt, wird das Objekt wieder langsam näher an den Tisch herangeführt und auf den Tisch gesetzt. Wenn die Toleranz des Kindes groß genug ist, wird das Objekt so nah herangebracht, daß es berührt werden kann."*

Peter wurde so zwei Monate behandelt, bis er das „angstauslösende Objekt", nämlich ein lebendiges Kaninchen, schließlich streicheln und es an seinen Fingern knabbern lassen konnte.

Heute würde man dieses Verfahren als systematische Desensibilisierung bezeichnen. Hierbei wird eine emotionale Reaktion, in den meisten Fällen Angst, dadurch abgebaut, daß im Zusammenhang mit der angstauslösenden Situation gleichzeitig angenehme Empfindungen erlebt werden (bei Peter das Essen, in der heutigen Therapie meist gezielte Entspannung).

Als 1924 von dieser erfolgreichen Behandlung berichtet wurde, war die Zeit noch nicht reif dafür, daß diese Methode allgemeine Beachtung fand. Erst seit den 50er Jahren erfährt die Verhaltenstherapie, verbunden mit den Namen *Skinner, Eysenck, Wolpe* und *Bandura,* allmählich zunehmend Verbreitung und Anerkennung. Sie geht von der Annahme aus, daß menschliches Verhalten in wesentlichen Anteilen gelernt ist und durch Veränderung der Lernbedingungen gezielt beeinflußbar ist:

> *„Der Verhaltenstherapeut geht davon aus, daß psychische Störungen anhand psychologischer Erkenntnisse aus den Forschungsbe-*

[26] Zitiert nach Ross, A. O., Petermann, F., 1987, S. 138.

reichen Entwicklung, Lernen, Wahrnehmung, Denken und sozialer Interaktion zu erklären sind. Durch die Anwendung dieser Erkenntnisse kann man Verhalten verändern.“[27]

Natürlich erkennen Verhaltenstherapeuten an, daß es genetische oder konstitutionelle Faktoren gibt, die das Verhalten mitbestimmen und die den Rahmen für alle möglichen Verhaltensveränderungen bilden.

Verhaltensbeobachtung ist Voraussetzung der Behandlung

Genaue Verhaltensbeobachtung ist nicht nur in der bereits erwähnten Heilpädagogik, sondern bei den meisten der hier dargestellten Therapieformen selbstverständliche Voraussetzung. Ganz besonders gilt dies in der Verhaltenstherapie, wo eine genaue Beschreibung der zu behandelnden Probleme und der Umstände, unter denen die Störungen auftreten, Vorbedingung für die Erstellung des Behandlungsplanes ist. Aus den hier etwas abgewandelt wiedergegebenen Punkten aus einem solchen Fragebogen zur Verhaltensanalyse[28] lassen sich auch für den Rhythmiklehrer Anregungen ableiten, das kindliche Verhalten und die ausgelösten Reaktionen zu hinterfragen. Diese Auflistung kann als Gerüst dienen, zunächst einmal sich selbst (möglichst schriftlich) Rechenschaft darüber abzulegen, was die tatsächlichen Besonderheiten im Verhalten eines „gestörten“ Kindes sind und wie die Umgebung darauf reagiert.

- Wie kann man Ihrer Meinung nach das problematische Verhalten des Kindes bezeichnen?
- Wie häufig, wie lange und wie stark tritt das problematische Verhalten auf?
- Unter welchen Bedingungen tritt das problematische Verhalten auf (bei bestimmten Situationen, Personen, zu bestimmten Zeiten)?
- Können Sie sich an Zeiten erinnern, in denen das Kind deutlich mehr Schwierigkeiten hatte bzw. machte als heute?

[27] Zitiert nach Ross, A. O., Petermann, F., 1987, S. 11.
[28] Ross, A. O., Petermann, F., 1987, S. 29.

- An welche besonderen Umstände von damals können Sie sich erinnern?
- Kann das Kind sein Verhalten irgendwo gesehen und von daher nachgeahmt haben?
- Wie gestalten sich Freundschaften zu Gleichaltrigen?
- Hat das Kind öfter Streit mit anderen Kindern? Um was geht es dabei?
- Greifen Sie in den Streit ein? Wenn ja, in welcher Form?
- Wofür belohnen Sie das Kind?
- Womit belohnen Sie das Kind? Was ist am wirkungsvollsten?
- Wie häufig belohnen Sie?
- Wie reagiert das Kind auf Belohnung?
- Wenn Sie das Kind bestrafen, wofür bestrafen Sie das Kind?
- Womit bestrafen Sie das Kind? Was ist am wirkungsvollsten?
- Wie häufig bestrafen Sie?
- Wie reagiert das Kind auf Bestrafung?

Die verhaltenstherapeutischen Behandlungsverfahren

Die Verhaltenstherapie bedient sich verschiedener Techniken, zu denen heute auch das Rollenspiel und Selbstverbalisations- oder Selbstinstruktionstechniken gehören. Andererseits sind oft die bereits angedeuteten Konditionierungen, nämlich das klassische Konditionieren (vgl. Kapitel 1.1), und noch wesentlich häufiger das Verstärkungslernen (vgl. Kapitel 1.1 und 1.3), das auch als instrumentelles oder operantes Konditionieren bezeichnet wird, die therapeutische Grundlage. Klassisches Konditionieren spielt heute im Bereich der „Systematischen Desensibilisierung" eine Rolle (s. o. am Beispiel von Peter), wo eine „Gegenkonditionierung" des unerwünschten Verhaltens erfolgt. Beim Verstärkungslernen wird das allgemein gültige Prinzip wirksam, daß sich die Häufigkeit eines Verhaltens danach richtet, ob die sich daraus ergebenden Konsequenzen angenehm oder unangenehm sind.

Diese Lernprozesse, die auch in jedem ungelenkten Erziehungsvorgang ständig wirksam werden, macht sich die Verhaltenstherapie gezielt zunutze: Wie oben andeutungsweise beschrieben, erfolgt zunächst eine genaue Verhaltensanalyse.

Beim operanten Konditionieren wird anschließend festgelegt, in welcher Weise das „richtige“ Verhalten gefördert werden soll, das heißt, welche „Verstärker“ bei welcher Gelegenheit und wie häufig angewendet werden sollen. Ebenso wird festgelegt, welche Nachteile bei unerwünschtem Verhalten eintreten sollen, was meistens bedeutet, daß Vergünstigungen entzogen werden, aber auch Strafen wie beispielsweise Geldbußen u.ä. sind mancherorts üblich. Sehr häufig werden bei Kindern als Verstärker soziale Zuwendung wie Lob, Lächeln und verstärkte Aufmerksamkeit eingesetzt, die entsprechend als „Strafe“ nicht gegeben werden. Dies mag auf den ersten Blick sehr theoretisch erscheinen, findet aber, wie nochmals betont werden muß, ständig und meistens völlig unreflektiert in jeder Erziehung statt. Leider wird „intuitiv“ häufig gerade das Gegenteil von dem erreicht, was der Erziehende beabsichtigt:

Es hat sich unter anderem herausgestellt, daß Verstärker, zum Beispiel also auch verstärkte Aufmerksamkeit und Zuwendung dann am wirksamsten ein Verhalten aufrechterhalten, wenn sie nicht für jedes Auftreten des Verhaltens angewendet werden, sondern nur nach einer unvorhersehbaren Häufigkeit eines bestimmten Verhaltens („variable Intervallverstärkung“). Diese in der Verhaltenstherapie nutzbringend angewendete Gesetzmäßigkeit hat in der normalen Erziehung unter Umständen sehr nachteilige Auswirkungen. Am Beispiel von Sandra, die mit provokativen Albernheiten Zuwendung erzwingt (Kap. 1.2), wird dies deutlich:

> Schon bald nach der Geburt ihrer 2 Jahre jüngeren Schwester stand diese durch ihr anziehendes Äußeres und freundliches Wesen, später auch durch rasche Auffassungsgabe ständig im Mittelpunkt. Sandra dagegen, die durch ihr normales und unauffälliges Verhalten keine Anerkennung bekam, verfiel auf das Albern, um Aufmerksamkeit zu erlangen. Regelmäßig dann, wenn außer ihrer Mutter noch Fremde anwesend waren, begann sie durch laute Albernheiten die anderen zu stören. Sandras Mutter, eine stille und zurückhaltende Frau, der dieses Verhalten außerordentlich peinlich war, ignorierte es immer aus einem an sich richtigen pädagogischen Verständnis heraus zunächst bewußt. Normalerweise steigerte Sandra ihre Verrücktheiten dann derart,

daß ihre Mutter es nicht mehr aushielt und Sandra schließlich doch im Mittelpunkt stand, nämlich, wie schon erwähnt, spätestens dann, wenn sie sich auszog.

Was können wir daraus lernen?

1. Bei der jüngeren Schwester wird von der Umgebung das angenehme Verhalten durch Zuwendung verstärkt
2. Bei Sandra wird normales Verhalten nicht beachtet, also auch nicht verstärkt.
3. Unerwünschtes Verhalten wird in der Extremform in optimaler Weise verstärkt: Der Verstärker, d.h. die Aufmerksamkeit, tritt nicht regelmäßig ein (variable Intervallverstärkung), sondern nur wenn die Umgebung das Verhalten nicht mehr erträgt. Dies tritt (wie es meist der Fall ist) ausgerechnet dann ein, wenn besonders extremes Verhalten gezeigt wird.

Nachdem Sandras Mutter diese Zusammenhänge verständlich gemacht worden waren und die Verstärkung positiven Verhaltens besprochen worden war, veränderte sich die Familiensituation fast schlagartig. Sandras Verhalten normalisierte sich weitgehend, statt dessen übernahm die kleine Schwester einen Teil der vorher von Sandra gezeigten Unarten.

Auch ohne daß in einer Rhythmikgruppe mit genau festgelegten „verhaltensmodifizierenden" Plänen gearbeitet wird, sollten einige wesentliche Aspekte grundsätzlich berücksichtigt werden: Immer müssen wir uns bei unerwünschten Verhaltensweisen die Frage stellen, wodurch dieses Verhalten verstärkt wird. Auch vermeintliche Strafe wie Schimpfen kann durch die damit verbundene Aufmerksamkeit belohnenden und verstärkenden Charakter haben. Die nächste Frage, die immer gestellt werden sollte, ist die nach positiven Verhaltensweisen, die das Kind zeigt und danach, ob diese genügend beachtet und verstärkt werden. Erst als drittes sollte, wenn dies notwendig ist, festgelegt werden, welche unangenehmen Konsequenzen unter welchen Umständen sich aus dem unerwünschten Verhalten ergeben sollen.

Konsequent angewendete Verstärkungspläne können so wirksam sein, daß möglicherweise Assoziationen an eine Dressur geweckt werden können. Derartige Erziehungsformen sind deswegen ganz besonders in Hinblick auf die pädagogische Verantwortung und die Belange der ganzheitlichen Persönlichkeit des Kindes sorgfältig zu überprüfen.

2.3 Musiktherapie

> „Der Geist aber des Herrn wich von Saul, und ein böser Geist vom Herrn machte ihn sehr unruhig. Wenn nun der Geist Gottes über Saul kam, so nahm David die Harfe und spielte mit seiner Hand; so erquickte sich Saul, und es ward besser mit ihm, und der böse Geist wich von ihm." (1. Samuel 16, Vers 14 und 23)

Musiktherapie schon vor 3000 Jahren!

Heute wie damals ist Musiktherapie eine „spezielle Methode der Psychotherapie, die mit verschiedenen Elementen und Gattungen der Musik sowie unterschiedlichen Formen des Musikrezipierens und der Musikbetätigung einen therapeutischen Einfluß auf den Patienten auszuüben versucht"[29].

Die bereits in der Antike aus der Medizin hervorgegangene Musiktherapie hat sich heute zu einem eigenständigen Fachgebiet entwickelt, in dem sich vor allem drei Behandlungskomplexe abzeichnen: die Behandlung behinderter, entwicklungsgestörter und verhaltensauffälliger Kinder und Jugendlicher, die Behandlung psychisch kranker Erwachsener und die Therapie innerhalb der Altersheilkunde. Während früher vor allem die direkte Wirkung der Musik auf den Organismus im Vordergrund stand, liegt der Schwerpunkt heute in der Funktion der Musik als Ausdrucksmöglichkeit und Medium in der Beziehung zwischen Patient und Therapeut. Entsprechend wird die Musik vielfach als nonverbales Kommunikationsmittel eingesetzt und als Ausdrucksmittel sonst nicht äußerbarer Gefühle.

Eine spezielle Form der Musiktherapie, die aus dem „Orff-Schulwerk" von *Carl Orff* hervorgegangen ist, hat *Gertrud Orff* entwickelt.

---

[29] Genius, H.-N., 1988.

Zum Wesen dieser Therapie lassen wir *Gertrud Orff* selbst zu Wort kommen:[30]

„*Die Orff-Musiktherapie ist eine multisensorische*[31] *Therapie. Der Einsatz der musikalischen Mittel – phonetisch-rhythmische Sprache, freier und gebundener Rhythmus, Bewegung, Melos in Sprache und Singen, das Handhaben von Instrumenten – ist so gestaltet, daß er alle Sinne anspricht. Durch diese multisensorischen Impulse ist es möglich, auch da noch einzusetzen, wo ein wichtiges Sinnesorgan ausfällt oder geschädigt ist. In spontan-kreativer Zusammenarbeit kann und soll sich das Kind frei äußern, seine Äußerungen formen und sozial bezogen anwenden.*“

So wie *Carl Orffs* Schulwerk den Untertitel „Musik für Kinder“ trägt, so ist auch *Gertrud Orffs* Therapie eine Therapie für Kinder, und zwar sowohl für hör- und sehbehinderte, motorisch behinderte, geistig behinderte als auch für Kinder mit Verhaltensstörungen. Wie oben zitiert, bedient sich die Orff-Musiktherapie der Mittel der Sprache, des Singens, der Bewegung und der Handhabung von Instrumenten. Mit diesen Instrumenten ist das von *Carl Orff* zusammengestellte Orff-Instrumentarium gemeint, also auch ohne Notenkenntnis und Vorbildung leicht zu handhabende Musikinstrumente. Zum Orff-Instrumentarium gehören Triangel, Cymbeln, Becken, Schellenbänder, Tamburin, Trommeln, Rasseln, Kastagnetten, Pauken, Stabspiele, Xylophon und Glockenspiel, also Instrumente, die auch in der Rhythmik üblicherweise verwendet werden. Dieses Material ist über die Möglichkeit der akustischen aktiven Betätigung Zwischenglied zwischen Therapeut und Kind, kann aber auch der Kommunikation vom Kind zum anderen Kind dienen. Es bietet dar-

30 Orff, G., 1974, S. 9.

31 Zum Begriff „Multisensorischen Therapie“ bei Gertrud Orff: Das verwendete Instrumentarium wird nicht nur von akustischen, sondern auch vom optischen und taktilen Ansatzpunkt gesehen. Dies ist wichtig, um z. B. die Verwendung bei tauben Kindern zu verstehen: Die Instrumente unterscheiden sich nicht nur in ihrem Klang, sondern auch in ihren Oberflächeneigenschaften, Gewicht, Elastizität und ihrer Vibrationsqualität. Diese Dinge können auch Gehörlosen erfahrbar gemacht werden und so helfen, die durch die Behinderung entstandene Isolierung zu lindern.

über hinaus Möglichkeiten, sich mitzuteilen und sich „sozial einzuüben“[32].

Wie bereits erwähnt, bedient sich die Orff-Musiktherapie nicht nur des Instrumentariums, sondern auch der Stimme und der Bewegung. Auf die Bedeutung der Bewegung in dieser Therapieform wollen wir auch wegen der Parallelen zur Rhythmik näher eingehen: Musik und Bewegung werden bei *G. Orff* sich gegenseitig unterstützend eingesetzt:

> *„Die enge Verbindung von Musik und Bewegung in unserer Arbeit hilft der Bewegung und hilft der Musik. Sie bedingen sich wie Schlüssel und Schloß.“*[33]

In der Praxis bedeutet dies, daß die bei Behinderten (auch bei psychisch Behinderten) meist gestörten Bewegungen durch Musik positiv beeinflußt werden können. Andererseits werden Bewegungen (u.a. Klatschen, Gehen) zur musikalischen Anregung eingesetzt. *Gertrud Orff* weist auch auf den sozialen Wert von Bewegungen hin:

> *„Vorklatschen, nachklatschen oder Bewegungen vormachen, Bewegungen nachmachen, gibt dem einzelnen Verantwortung für die Bewegung und kann Erfolgserlebnisse vermitteln. Andererseits werden Aufmerksamkeit und Anpassung geschult.“*

Zur Veranschaulichung der Vorgehensweise in der Orff-Musiktherapie soll ein Fallbeispiel aus einer Einzeltherapie dienen.[34] Die Beschreibung bezieht sich auf einen 2½jährigen Jungen mit schwerem Entwicklungsrückstand und autistischem Verhalten.

> „Damit Detlef sicherer sitzt, wird er an die Wand gesetzt. Sofort beginnt er, mit stereotypen Bewegungen der äußeren Handfläche an die Wand zu klopfen. Wir existieren überhaupt nicht für ihn. Er

[32] Unter sozialer Einübung versteht G. Orff die Erfahrung und Festigung von Selbstbestätigung, Verständnis für den anderen und sozialer Integration.

[33] Orff, G., 1974, S. 46.

[34] Orff, G., 1974, S. 149.

war da und eine Wand, und die wurde nicht befühlt oder betastet, sie wurde wie als Begrenzung erfahren. Die gleiche Bewegung setzte sich auf dem Teppichboden fort. Hier griff ich ein: Ich machte einen deutlichen Gegenschlag auf den Teppichboden, aber mit der Handinnenfläche. Auch das Kind machte einen solchen Schlag. Die ganze Situation hat sich bereits um 180 Grad gedreht. Es war eine richtige Umkehrung. Hier war nun eine Reizsituation entstanden, auf die das Kind einging. Eine Trommel wurde ihm hingeschoben. Er spielte auf ihr in seiner Weise, mit der Handaußenfläche. Wir hatten dadurch unseren Kontakt. Er schweifte wieder ab und bespielte die Wand stereotyp mit der Handaußenfläche, kommt aber wieder zurück zur Trommel. Er duldet, daß ich seine Hand führe; zu den gesungenen Worten ‚Det-lef spielt, Det-lef, Det-lef, Det-lef spielt' klopft er auf diese Weise mit auf der Trommel. Er lächelt. Es war mehr geschehen, als ich erwartete. Der Psychologe meinte, dies sei das Beste, was der Junge bisher geleistet habe."

Über die Musiktherapie gelang es, Kontakt zu Detlef aufzunehmen, und er lernte innerhalb weniger Monate laufen und begann zu sprechen.

Die wenigsten Rhythmiklehrer werden vor die Aufgabe gestellt werden, mit einem schwer autistischen Kind über die Musik oder Musikinstrumente Kontakt aufzunehmen. Was wir aus diesem Beispiel aber erkennen können, ist die Wirkung dieser nicht durch Sprachbarrieren oder Verhaltensgewohnheiten eingeengten musikalischen Mittel. Hören wir auch in unserer Gruppe genau hin, wo Kinder mit den Instrumenten Dinge offenbaren, die sie sonst nicht zeigen, oder Kontakte knüpfen, die sie sonst verweigern würden. Erinnern wir uns an die schüchterne Kathrin: Sprechen mit anderen Kindern verweigerte sie fast vollständig, aber auf dem von ihr geliebten Triangel ließ sie ihre „Stimme" deutlich und ohne die langgewöhnten Hemmungen sprechen.

2.4 Psychomotorische Erziehung und -Übungsbehandlung

1935 veröffentlichte der Sonderschullehrer *Guilmain* sein Buch „Psychomotorische Funktionen und Verhaltensstörungen". Dieses Werk enthielt: „1. Eine Reihe von Aufgaben, die es ermöglichen, die neuromotorischen Wesensmerkmale eines Kindes zu bestimmen. 2. Die wichtigsten Beziehungen, die zwischen diesen neuromotorischen Merkmalen und dem sozialen Verhalten des Kindes zu bestehen scheinen. 3. Ein Bewegungserziehungsprogramm, um entweder Störungen der tonischen Aktivität oder Unausgeglichenheiten der Beziehungstätigkeit oder eine mangelhafte Bewegungsbeherrschung zu verbessern."[35] Damit hatte die psychomotorische Erziehung ihren Anfang genommen.

Wenn in bezug auf Bewegungsverhalten der Begriff „Psychomotorik" verwendet wird, soll dies verdeutlichen, daß Motorik immer aus zwei Komponenten besteht, nämlich einerseits aus der sichtbaren Bewegung selbst, der eigentlichen Motorik, sowie auf der anderen Seite aus den perzeptiven und kognitiven Anteilen, also den Wahrnehmungs- und Denkvorgängen, die mit jeder kontrollierten Bewegung unabdingbar verbunden sind. Auch emotionale Faktoren spielen bei Bewegungen eine Rolle, sei es, daß die Bewegung die Gefühle widerspiegelt, oder sei es, daß durch die Bewegung die psychische Situation beeinflußt wird. Auch Lernvorgänge sind insbesondere beim jüngeren Kind mit Bewegung verbunden. Das kleine Kind spielt und experimentiert, anders gesagt, es wiederholt Bewegungen, um zu lernen. Diese vielfältigen Verbindungen macht sich die psychomotorische Erziehung oder Übungsbehandlung, kurz gesagt die „Psychomotorik" zunutze. Dabei liegt der Schwerpunkt der Förderung nicht in der Behandlung spezieller motorischer Störungen, sondern das Kind soll sich in seiner gesamten Persönlichkeit weiterentwickeln können. So wird die psychomotorische Übungsbehandlung nicht nur zur Behandlung von Koordinationsstörungen eingesetzt, sondern zum Beispiel auch bei Verhaltensstörungen und bei Kindern mit

[35] Zitiert nach Decker, 1980.

Lese-Rechtschreibschwäche, wo besonders durch Verbesserung der Sinneswahrnehmung ein günstiger Effekt erwartet wird.

In ihrer Methode ähnelt die psychomotorische Erziehung sehr der Rhythmik und geht in vielem auf die gleichen Wurzeln zurück: Die von *Suzanne Naville*[36] entwickelte Psychomotorik-Therapie basiert neben neurophysiologischen und entwicklungsbezogenen Grundlagen ausdrücklich auf den von *Jaques-Dalcroze* stammenden Vorschlägen für Rhythmik. *Marianne Frostig*, die in Deutschland vor allem durch ihr Trainingsprogramm zur Schulung der visuellen Wahrnehmung bekanntgeworden ist und in Amerika eine psychomotorisch ausgerichtete Bewegungserziehung entwickelt hat, erhielt ihre Ausbildung zur Gymnastiklehrerin in Hellerau-Laxenburg bei Wien, einer Institution, in dem das Gedankengut von *Jaques-Dalcroze* aus dem im ersten Weltkrieg verlassenen Hellerau bei Dresden weiterlebte. So dient bei *Frostig* die Musik als „Impuls und Begleiter der Bewegung“[37]. Auch *Kiphard*[38], der zusammen mit dem Jugendpsychiater *Hünnekens* die psychomotorische Übungsbehandlung entwickelte, verwendet rhythmisch-musikalische Übungen sowohl zur Schulung des musikalischen Gehörs als auch zur Bewegungsanregung.

Nicht nur in den einzelnen Übungen, sondern auch in der Zielsetzung und im pädagogischen Verhältnis Lehrer-Schüler gibt es zahlreiche Übereinstimmungen zwischen den verschiedenen psychomotorischen Übungsverfahren und Rhythmik. Zwar werden im psychomotorischen Training Geräte verwendet, die in der Rhythmik nicht üblich sind, wie Sportgeräte und Rollbretter, aber oft wird man aus der Beobachtung einer Unterrichtsstunde nicht entscheiden können, welchem Bereich sie zuzuordnen ist. Natürlich bestehen von Lehrer zu Lehrer, von Gruppe zu Gruppe und von Kind zu Kind große Unterschiede in der Wertung der einzelnen Schwerpunkte, nämlich der musikalischen Erziehung, der Bewegungserziehung, der sozial-emotionalen Erziehung oder der allgemeinen Sinnesschulung.

---

36 Naville, S., 1973

37 Frostig, M., 1980, S. 175.

38 Hünnekens, H., Kiphard, E. J., 1985[7].

Psychomotorische Therapie erhebt den Anspruch, überprüfbare Behandlungserfolge vorweisen zu können. Nach den wenigen bislang vorliegenden Ergebnissen[39] zeichnet sich ab, daß durch dieses der Rhythmik sehr stark ähnelnde Verfahren nicht nur Motorik und Wahrnehmung, sondern auch Sozialverhalten und Selbstbewußtsein verbessert werden können.

39 Karch, D. et al., 1989, S. 9; Eggert, D. et al., 1989³.

3 Wie Rhythmik verhaltensgestörten Kindern helfen kann

3.1 Zielsetzungen der Rhythmik im sozialen Bereich

66 allgemeinerzieherische Ziele der Rhythmik zitiert *Brigitte Vogel-Steinmann* in ihrem Buch „Was ist Rhythmik?“[40] Dabei reicht das Spektrum von Zielen wie Intelligenzförderung, Gedächnisschulung über Erziehung zu Arbeitshaltung und Disziplinfähigkeit bis hin zu der esoterischen „Berührung mit dem Göttlichen“[41]. Wir wollen im folgenden einige der für unsere Fragestellung wichtigen Ziele herausgreifen und anschließend untersuchen, mit welchen Mitteln der Rhythmik sie bei auffälligen Kindern erreicht werden können. Es werden genannt:

- Einüben sozialen Verhaltens;
- Kontaktfähigkeit;
- Einfühlungsvermögen;
- Fähigkeit zum Aufbau von Beziehungen;
- Rücksichtnahme und Verantwortungsgefühl;
- Toleranz;
- Selbständigkeit und Anpassung in der Gemeinschaft;
- Selbständiges verantwortliches Handeln innerhalb des Sozialgefüges;
- Selbständigkeit;
- Selbstwertgefühl;
- Selbstsicherheit und Selbstvertrauen;
- Selbsteinschätzung;
- Selbstbestimmung;
- Selbstverantwortung;
- Selbstkontrolle;
- Wahrnehmungsfähigkeit.

---

[40] Vogel-Steinmann, B., 1979.

[41] Feudel, E., 1965.

Die Rhythmik erhebt durch diese Zielsetzungen ausdrücklich den Anspruch, auf Verhalten und vor allem auf kindliches Verhalten einen positiven Einfluß auszuüben.

Wir müssen uns dabei vergegenwärtigen, daß wir es in der Rhythmik mit empirisch gefundenen Erziehungs- und Übungsformen zu tun haben, die nicht als abrufbares Trainingsprogramm durchgeführt werden können und sollen und bei denen besonders auch das fördernde Verhältnis zwischen Lehrer und Kind eine wesentliche Bedingung des Erfolges ist. Auch sollte man sich immer der Tatsache bewußt sein, daß Rhythmik immer und mit jeder Übung auf den ganzen Menschen, also „ganzheitlich“, wirken will und ein Herausgreifen nur des Sozialverhaltens dieser Grundeinstellung zuwider laufen würde.

3.2 Unsicheres Verhalten und Rhythmik

Förderung von Selbstsicherheit, Selbstvertrauen, Selbstbewußtsein, aber auch Selbständigkeit und Anpassung an die Gemeinschaft sowie selbständiges, verantwortliches Handeln innerhalb des Sozialgefüges möchte die Rhythmik vermitteln. Dabei sind verschiedene Punkte hervorzuheben, die ganz besonders im Umgang mit einem unsicheren Kind nicht vergessen weden sollten: Besonders *Mimi Scheiblauer,* die die wichtigste Aufgabe der Rhythmik darin sieht, das Kind zum Selbstwertgefühl und zur inneren Freiheit zu führen, betont die Notwendigkeit, das Kind von vornherein vorbehaltlos zu akzeptieren und das Kind nie von oben herab zu korrigieren. In einer das Selbstwertgefühl stärkenden Atmosphäre von Akzeptanz sollen dem Kind Anregungen gegeben werden, seine Fähigkeiten zu entfalten.[42]

Weiterhin gilt, daß besonders ein unsicheres Kind mit den Übungen nicht überfordert werden darf. Dazu schildert *Amélie Höllering* ein typisches Beispiel[43]:

---

[42] Vgl. Neikes, J. L., 1987.

[43] Höllering, A., 1975.

Ein 10jähriger ängstlicher und unruhiger Junge konnte der Aufgabe, einen Ball auf dem Handrücken zu balancieren, nicht gerecht werden. Durch den Mißerfolg wurden seine Bemühungen immer vergeblicher. Ohne weitere Begründung wurde daraufhin die Aufgabe für alle Kinder umgewandelt: Der Ball sollte vom Handrücken gleich herabrollen und dann beobachtet werden, wohin er rollt. Danach wurde die Aufgabe erneut verändert: Die Kinder sollten beobachten, ob der Ball vor dem Herunterfallen auf dem Handrücken liegen bleibt. Bei der so formulierten Aufgabe war auch der ängstliche Junge ruhiger und konnte die Übung ebenso ausführen wie die anderen Kinder.

Feste Strukturen geben Sicherheit

Ein weiteres Mittel, den Kindern Sicherheit zu geben, sind feste Strukturen im Unterrichtsverlauf. Da ist zuallererst die Bedeutung eines festen Platzes für jedes Kind hervorzuheben, wodurch bereits eine gewisse Geborgenheit geschaffen sein kann. Dieser feste Platz in der Rhythmikgruppe kann ein bestimmter Stuhl sein, aber auch eine bestimmte Stelle im Raum oder bei entsprechenden Übungen der Platz in einem am Boden liegenden Reifen oder in einem zum Kreis gelegten Seil. Erst wenn alle Kinder der Gruppe eine gewisse Sicherheit erlangt haben, ist es sinnvoll, mit Platzwechselspielen zu beginnen.

Ebenso wie die Strukturierung im Raum kann auch die Strukturierung des zeitlichen Ablaufs Sicherheit vermitteln. Dies kann durch in jeder Stunde wiederkehrende Anfangs- und Schlußzeremonien geschehen, aber auch durch in jeder Stunde wiederkehrende Bewegungssequenzen. Ein Beispiel hierfür ist die „Bimmel-Bammel-Bewegungssequenz" von *Krimm-von Fischer*[44], bei der zu auf dem Klavier improvisierter Musik eine Folge einfacher Bewegungen durchgeführt wird und die mit dem Baumeln der Beine der noch auf ihrem Stuhl sitzenden Kinder beginnt. Gut geeignet ist auch das gemeinsame Singen eines immer gleichen, eventuell mit bestimmten Bewegungen begleiteten Anfangs- und Schlußliedes. Beispiele hierfür sind im 2. Teil dieses Buches, Übungen Nummer 136 und 137.

[44] Krimm-von Fischer, C., 1987, S. 112.

Verantwortung stärkt das Selbstwertgefühl

Wenn schon eine gewisse Sicherheit in der Gruppe gewonnen ist, können Aufgaben durchgeführt werden, bei denen die Kinder Verantwortung übernehmen. Hierfür sind die Übungen des „Führens und Folgens“ besonders geeignet. Es geht bei dieser in der Rhythmik weit verbreiteten Übungsform nicht nur darum, daß ein Kind ein anderes, dessen Augen geschlossen sind, durch den Raum führt, sondern bezieht sich auf alle Übungen, bei denen durch Vormachen oder durch Signale ein Kind andere zu bestimmtem Tun anleitet. Unter der Voraussetzung, daß die Aufgabe so einfach gestellt ist, daß das führende Kind ihr ohne Angst gerecht werden kann, sind diese Übungen in besonderem Maße geeignet, das Selbstbewußtsein des führenden Kindes zu stärken. Besonders in Gruppen mit verhaltensauffälligen Kindern können aber dadurch Probleme auftreten, daß einzelne Kinder sich nicht führen lassen wollen. In einer solchen Situation kann man versuchen, durch paarweises Führen und Folgen mit wechselnden Partnern den unsicheren Kindern das gewünschte Erfolgserlebnis zu vermitteln, ohne daß sich alle anderen Kinder führen lassen müssen.

In gleicher Weise können Aufgaben, bei denen jedes Kind für das Gelingen eine gewisse Verantwortung trägt, Selbstbewußtsein und Selbstwertgefühl stärken. Dieses ist z. B. beim gemeinsamen Tragen und Balancieren von Gegenständen der Fall. Andere beliebte Spiele sind das Schaukeln eines Kindes in einer Decke (niemand darf loslassen) und das Abstützen und „Weiterreichen“ eines mit geschlossenen Augen in der Mitte eines engen Kreises stehenden Kindes. (Dieses Spiel, bei dem sich das Kind in der Mitte gegen die anderen Kinder fallen läßt, sollte erst mit Kindern im Schulalter durchgeführt werden.) Die Erfahrung: Es kommt auf mich an, ich bin wichtig, ich erfülle meine Aufgabe, ist unsicheren Kindern im alltäglichen Leben oft völlig unbekannt geblieben und sollte deswegen in der Rhythmikgruppe unbedingt vermittelt werden.

Anregungen aus verhaltenstherapeutischen Methoden

Die Verhaltenstherapie wendet unter dem Stichwort „Selbstsicherheitstraining“ verschiedene Verfahren an, die teilweise in abgewandelter Form auf eine Rhythmikgruppe übertragen werden können.

Wichtige Elemente eines solchen Selbstsicherheitstrainings sind Modellerntechniken und Verhaltensübungen in Form von Rollenspielen:[45]

„Wichtigste Aufgabe ist das Ausführen von selbstsicheren Verhaltensweisen, damit die Angst einer Person, die diese mit bestimmten (sozialen) Situationen verbindet, gegenkonditioniert wird. D. h.: Es sollen mittels Verhaltensausführungen Erfahrungen vermittelt werden, die mit bisherigen Erlebnissen und irrationalen Gedanken einer negativen Reaktion aus der Umwelt bei selbstsicherem Verhalten unvereinbar sind. Dies soll dem Aufbau von Selbstvertrauen dienen, worin man eine Bedingung für zwischenmenschliches Vertrauen sieht."

Um zu überprüfen, ob man Kinder gezielt an „Modellen", also an Vorbildern lernen lassen kann, haben Verhaltenstherapeuten in verschiedenen kontrolliert durchgeführten Studien Kindern Filme gezeigt, in denen Gleichaltrige verschiedene positive Interaktionen ausführen (Lachen, körperlicher Kontakt als Zuneigungsbezeugung, Geben von Gegenständen). Je nach Art und Häufigkeit der gezeigten Filme zeigten die die Filme betrachtenden unsicheren Kinder mehr oder weniger ausgeprägte Verhaltensänderungen.[46]

Was bedeutet dies für die Rhythmik? Natürlich wird man nicht in einer Rhythmikstunde Filme vorführen, um unsichere Kinder selbstsichere Verhaltensweisen lernen zu lassen. Eine übliche Verfahrensweise dagegen ist das Erzählen von Geschichten oder das Zeigen von Bilderfolgen, die dem Kind als Lernmodell dienen können. Von diesen Modellen (Geschichten und Bilderfolgen wie die unter den Nummern 108, 109 und 135 im 2. Teil des Buches aufgeführten) kann direkt zu Rollenspielen übergeleitet werden.

Es wurde schon erwähnt, daß unsicheres Verhalten durch den hieraus entstehenden Gewinn, nämlich die besondere Zuwendung, aufrechterhalten werden kann. Dieser Mechanismus ist nicht selten, denn sehr häufig neigen die Betreuer einer Gruppe dazu, Kindern,

---

45 Petermann, F. und Petermann, U., 1989, S. 73.

46 Vgl. Petermann, F. und Petermann, U., 1989.

die sich zurückziehen, verstärkte Aufmerksamkeit zu widmen, und es fällt schwer, das Verweigern auch nur zeitweilig zu akzeptieren. Dies kann in Gruppen dazu führen, daß ein Kind über lange Zeit nicht an den gemeinsamen Aktivitäten teilnimmt. Statt dessen entwickeln sich nicht selten über Monate oder sogar Jahre aufrechterhaltene Rituale, bei denen das Kind mit viel Engagement und in der Regel vergeblich zum Mitmachen aufgefordert wird. Manchmal werden auch zu dem Kind eine besondere Beziehung aufgebaut oder ihm Privilegien eingeräumt. Hierfür kann eine Rolle spielen, daß die Verweigerungshaltung als persönliche Kränkung oder Versagen empfunden wird, was durch die gute Beziehung kompensiert wird. Die aus der verstärkten Zuwendung entstehenden „Belohnungen“ für das Verweigern sollten jedoch vermieden und das Einschleifen dieser Verhaltensweisen verhindert oder durchbrochen werden. Dazu kann das Angebot zum Mitmachen eher diskret erfolgen, zum Beispiel dadurch, daß die Gruppenaktivitäten ohne weitere Begründung zeitweilig in die Nähe des außenstehenden Kindes verlegt werden, ihm die jeweils verwendeten Materialien selbstverständlich gegeben oder in greifbare Nähe gelegt werden und das Mitmachen gelegentlich verbal, aber ohne großes Aufheben nahegelegt wird.

In Rollenspielen kann Selbstsicherheit geübt werden

Bei der Anleitung zu Rollenspielen ist in besonderem Maße die Fähigkeit des Erziehers notwendig, durch vorsichtiges Lenken dem unsicheren Kind die Rolle zukommen zu lassen, die es gerade noch ausfüllen kann. Überforderung muß auch hier unbedingt vermieden werden, andererseits sollte verhindert werden, daß das ängstliche Kind immer in die von ihm bevorzugten passiven Rollen schlüpft (z. B. als Christkind beim Krippenspiel).

Wie ein solches durch eine Bildergeschichte angeregtes Rollenspiel in einer Rhythmikgruppe durchgeführt werden kann, wollen wir an Hand der Geschichte „Der Josa mit der Zauberfidel“ exemplarisch darstellen[47]:

[47] Janosch: Der Josa mit der Zauberfidel, Parabel Verlag.

Josa ist der kleine Sohn eines Holzfällers. Er ist zutiefst betrübt, weil er zu schwach ist, auch einmal Holzfäller zu werden. Schließlich bekommt er eine Zaubergeige geschenkt, und immer, wenn er darauf spielt, wird alles, was sein Lied hört, größer oder, wenn er das Lied rückwärts spielt, kleiner. Mit dieser Zaubergeige kann er sogar den Mond größer oder kleiner werden lassen.

Aus dieser Geschichte, die man an Hand des schönen Bilderbuchs vorstellen kann, ergeben sich verschiedene Ansatzpunkte. Stellen wir uns einmal die schüchterne Kathrin, die wir in Kapitel 1.1 kennengelernt haben, in der Rolle des Josa vor: Klein und schmächtig wie dieser könnte sie zum Beispiel durch Vorwärts- oder Rückwärtslaufen (als Übertragung des vorwärts oder rückwärts gespielten Liedes) den anderen Kindern Zeichen geben, wann diese sich groß oder klein machen sollen. Die durch die Geschichte ermöglichte Identifikation mit dem schwachen Josa könnte ihr eine Hilfe sein, die Rolle des führenden Kindes überhaupt zu übernehmen. In der Geschichte von Josa kommen mehrmals Situationen vor, in denen klein, arm, auch unsicher mit gut gleichgesetzt und dem hartherzigen Verhalten Starker gegenübergestellt wird. Auch hieraus kann man Spielsituationen entwickeln, die es dem unsicheren Kind ermöglichen, sich selbst besser zu akzeptieren und ein positives Selbstwertgefühl aufzubauen.

Weitere wichtige Elemente eines Selbstsicherheitstrainings wie Übertragung von Verantwortung, Anerkennung und ein akzeptierendes Erzieher-Kind-Verhältnis wurden schon bei den Vorgehensweise der „klassischen“ Rhythmik erwähnt und sind eine wichtige Grundlage, einem unsicheren Kind Selbstsicherheit und Selbstbewußtsein zu vermitteln.

3.3 Provokativ albernes Verhalten und Rhythmik

Disziplinfähigkeit, Rücksichtnahme und Verantwortungsgefühl sowie Anpassung in der Gemeinschaft sind Verhaltensweisen, die *Vogel-Steinmann* als Ziele der Rhythmik nennt und die mit provokativ albernem Verhalten kaum vereinbar sind.

Elfriede Feudel setzt sich ausführlicher mit der Erziehung zur Disziplin auseinander. In ihren Ausführungen betont sie, daß Rhythmik per se eine Erziehung zur Disziplin sei, und zwar vor allem dadurch, daß Disziplin in der Körperbewegung auf das Seelische übergreife. Sie betont, daß die Entwicklung zur Disziplin in dieser Weise ein sich über Jahre hinstreckender Prozeß sei[48]. Dies mag dem Rhythmiklehrer, dem ein undiszipliniert alberndes Kind die Stunde boykottiert, ein Trost sein, eine Hilfe in der augenblicklichen Situation ist es allerdings nicht. In der Rhythmik soll Anpassung auch durch Aufgaben des Führens und Folgens geübt werden. Doch was tun, wenn das Kind nicht folgt, sondern albert? Wenn ein Kind nicht akzeptieren kann, daß ein anderes etwas vormacht und so im Mittelpunkt steht?

Wie bereits erwähnt, ist Albernheit oft ein Zeichen für Unsicherheit. Wenn sich albernes Verhalten auch weitgehend verselbständigen kann, sollten wir doch immer die Frage stellen, ob irgend etwas in der augenblicklichen Situation das albernde Kind ängstigt, verunsichert oder überfordert und es deswegen in die Rolle des Kaspers ausweicht. Dies lenkt unsere Aufmerksamkeit wieder darauf, daß die Aufgaben den Fähigkeiten des Kindes angepaßt sein müssen. Sollte ein Kind den anderen in seinem Leistungsvermögen ständig unterlegen sein, erfordert es viel Fingerspitzengefühl beim Erzieher, möglichst unauffällig dem schwächeren Kind einfachere Aufgaben zukommen zu lassen, die es noch erfüllen kann. Hier kann die oben erwähnte von *A. Höllering* beschriebene Abwandlung der Balancierübung als Beispiel dienen.

Auch die Frage nach einer adäquaten Befriedigung des Anerkennungsbedürfnisses des albernen Kindes ist wichtig. Erfährt es ausreichend Lob und Beachtung für angepaßtes normales Verhalten oder wird dies für selbstverständlich gehalten und übergangen? Wo sind positive Eigenschaften, die durch entsprechende Aufgaben in den Vordergrund gestellt werden und durch Lob verstärkt werden können?

Einige Möglichkeiten, albernes Verhalten zu unterbrechen, sollen noch genannt werden. Albernheiten sind nur so lange interessant, wie sie die Aufmerksamkeit der anderen auf sich lenken. Wenn es

---

48 Feudel, E., 1963, S. 30 f.

dem Erzieher gelingt, durch ein spannendes und interessantes Spiel oder eine Geschichte oder irgendeinen „Überraschungseffekt" die Aufmerksamkeit der Gruppe eindeutig auf sich zu lenken, bleibt dem Störenfried meist nichts anderes übrig, als sich in die Gruppe einzuordnen. Einen sehr guten Effekt in dieser Weise hat auch Musik, zum Beispiel als gesungenes Lied, verbunden mit Gesten oder Bewegungen, eine Klavierimprovisation, zu der sich die Kinder bewegen sollen, oder eventuell ein Musikstück von Schallplatte oder Band, das mit einer bestimmten Aufgabenstellung verknüpft wird. Es ist immer wieder faszinierend zu erleben, wie die Musik eine Situation, die ins Chaos abzugleiten droht, schlagartig retten kann.

Weitere Empfehlungen zum Umgang mit albernen Kindern gibt uns *Gertrud Orff* aus ihren Erfahrungen aus der Musiktherapie.[49] Dort findet sich zum einen die auch sonst in der Pädagogik verbreitete Empfehlung, die Regeln durch die Kinder selbst aufstellen zu lassen. Regeln, die von der Gruppe kommen, werden leichter auch von sonst störenden Kindern akzeptiert als die von den Erwachsenen vorgegebenen.

Zum anderen erwähnt *G. Orff* unter dem Stichwort „Initiative" einen auch in der Rhythmikstunde wichtigen Aspekt: Rhythmik versteht sich nicht nur als Erziehung zur Disziplin, sondern viel mehr noch als Erziehung zur Kreativität, und die kann im falschen Moment auch sehr störend wirken. Die Grenze zwischen Stören und kreativen Ideen zur Aufgabengestaltung kann sehr schmal sein. *G. Orff* führt aus, daß besonders der Therapeut hierdurch irritiert wird, der an seinem Stundenentwurf möglichst unflexibel festhalten will. Ist er dagegen in der Lage, das Unerwartete in seinem Unterricht zu integrieren, ist die Partie schon fast gewonnen. An dieser Stelle wollen wir uns noch einmal Sandra zuwenden (vgl. Kap. 1.2) und sehen, wie sich eine Situation auf diese Weise (allerdings nicht spontan, sondern nach längerer Überlegung) dauerhaft retten ließ:

> In zwei aufeinanderfolgenden Rhythmikstunden boykottierte Sandra alle Übungen und Aufgaben dadurch, daß sie das Gegenteil des Verlangten tat. Für die 3. Stunde dachte ich mir daraufhin

[49] Orff, G., 1984.

die Geschichte vom „Herrn Gegenteil“ aus. In dieser Geschichte tat der „Herr Gegenteil“ immer genau das Gegenteilige von dem, was normale Menschen taten. Die Aufgaben wurden anschließend so gestellt, daß einige Kinder den „Herrn Gegenteil“ spielten, andere Kinder die normalen Menschen. Was Sandra nun auch tat, sie erfüllte die Aufgabe entweder als „Herr Gegenteil“ oder als normaler Mensch. Als sie in einer späteren Stunde wieder das Gegenteil des Erwarteten tat, wurde wiederum das Spiel von „Herrn Gegenteil“ einbezogen, mit der Folge, daß im weiteren Verlauf dieses Verhalten nicht mehr interessant war und nicht mehr auftrat. (Die Geschichte vom Herrn Gegenteil findet sich im 2. Teil des Buches unter Nummer 127.)

Es wurde bereits erwähnt, wie schwierig es sein kann, albernes Verhalten zu ignorieren. Natürlich ist es gut, wenn das unerwünschte Verhalten konsequent ignoriert wird (ausbleibende Verstärkung). Oft wird es aber so sein, daß das alberne Kind in einer Gruppensituation am längeren Hebel sitzt, das bedeutet, wenn wir nicht in irgendeiner Weise reagieren, wird es schließlich die Aufmerksamkeit der anderen auf sich ziehen und so den erwünschten Erfolg haben. Es ist deswegen wichtig zu erkennen, wann es nötig ist, durch veränderte Aufgabenstellung oder spontane oder vorausbedachte Akzente das Unterrichtsgeschehen so zu verändern, daß die Situation entschärft wird.

Immer müssen wir uns darüber bewußt sein, daß durch Anerkennung und schrittweises Übertragen von Verantwortung das Selbstwertgefühl des Kindes so gestärkt wird, daß die Albernheiten unnötig werden. Dieser Erfolg wird sich natürlich nicht von heute auf morgen einstellen, sondern das Kind muß Gelegenheit haben, sich Schritt für Schritt in veränderte Verhaltensweisen hineinzufinden.

3.4 Aggressives Verhalten und Rhythmik

Das Spektrum der Ziele der Rhythmik, die mit Aggressivität nicht vereinbar sind, ist groß. Einüben sozialen Verhaltens, Einfühlungsvermögen, Rücksichtsnahme und Verantwortungsgefühl, Toleranz, Anpassung in der Gemeinschaft, Disziplinfähigkeit und Wahrnehmungsfähigkeit sind die wichtigsten von ihnen. Nun müssen wir fragen, ob und wie diese Ziele bei aggressiven Kindern erreicht werden können.

Die klassische Rhythmikliteratur liefert uns wieder eine ganze Reihe allgemeiner, zum Teil idealisierender Beschreibungen der positiven Auswirkungen von Musik und Bewegung in einer rhythmischen Erziehung auf die Psyche.

Elfriede Feudel schreibt[50] zur Wirkung der Musik:

> *„Auf dem Weg zur Ganzheit, zum Horchen, Gehorchen und damit zum Erfassen einer höheren Wirkung ist die Musik eine ungemeine Hilfe und von einer fast magischen Wirkung. Man möchte jedem Erzieher wünschen, daß er einmal einer Kinderschar zusehen dürfe, die sich frei zu einer ihr unbekannten, vom Rhythmiklehrer improvisierten Musik bewegt, der Anblick der glücklichen und vom Klang ganz durchfluteten, fast schwerelos sich wiegenden Körperchen ist unvergeßlich.“*

Was hier in einer uns fremd gewordenen Sprache beschrieben ist, ist tatsächlich auch heute noch in vielen Rhythmikstunden zu beobachten. Doch was tun, wenn die aggressionsauslösenden Faktoren stärker sind als die Musik? Wenn das aggressive Kind statt sich zur Musik zu bewegen die anderen schubst, schlägt und würgt? Wenn die Übungen des Führens und Folgens, wenn überhaupt nur als Führender wahrgenommen werden? Wenn die Bewegungen auch durch die Musik nicht harmonisiert werden, sondern das Kind von innerer Unruhe getrieben durch den Raum jagt?

Angst als Ursache von Aggression

Wenden wir uns noch einmal einzelnen Ursachen der Aggressionsentstehung zu: *Sagi*,[51] der unter anderem in einem Forschungsprojekt im Kindergartenbereich Erfahrungen über Aggressionen sammeln konnte, schreibt:

---

[50] Feudel, E., 1963, S. 15.

[51] Sagi, A., 1992^{6}, S. 55.

> *„Hinter demonstrativ aggressivem Verhalten fanden wir immer Angst. So gesehen scheint es ein Kunstfehler zu sein, wenn man bei einem aggressiven Kind nicht von vornherein die Frage stellt: Wovor hat es Angst?"*

Erinnern wir uns an Mehmet, den wir in Kapitel 1.3. kennengelernt haben. Warum stürzte er sich innerhalb der ersten fünf Minuten der ersten Begegnung auf ein schwächeres Kind und würgte es? Wir konnten in den folgenden Stunden immer wieder beobachten, daß zwischen den beiden Jungen eine außerordentliche Rivalität bestand, die von Mehmet wahrscheinlich sofort befürchtet worden war. War Mehmet auch der körperlich Stärkere, so war ihm der jüngere Benjamin meist in geistiger und körperlicher Wendigkeit überlegen. Bei beiden Jungen bestand offensichtlich die ständige Angst, dem anderen unterlegen zu sein. Nach dem Motto „Eh du mich schlägst, schlage ich dich!"[52], führte jede Begegnung der beiden Jungen zu zum Teil brutalen körperlichen Auseinandersetzungen.

Nach 4 Rhythmikstunden, die wesentlich im Zeichen der Auseinandersetzungen zwischen den beiden standen, haben wir uns entschlossen, die Kinder zu trennen. Von Woche zu Woche abwechselnd kam jeweils nur einer der beiden in die Gruppenstunde. Die entgangene Rhythmikstunde habe ich durch Einzelstunden ersetzt, in denen vor allem im Handpuppenspiel die Probleme im Sozialverhalten aufgegriffen wurden. Die Trennung der beiden Jungen hat deren aggressives Verhalten in der Gruppe weitgehend ausgeräumt. Es resultierte bei Mehmet anschließend dominierendes Verhalten – er versuchte zu bestimmen, welche Aufgaben durchgeführt werden sollten – und bei Benjamin albernes und störendes Verhalten. Bei beiden wirkte sich die Verhaltensstörung im weiteren Verlauf nicht mehr so stark aus, daß, wie vorher, der Ablauf der ganzen Rhythmikstunde gefährdet wurde. Wir sahen im Nachhinein darin eine Bestätigung dafür, daß die Diskontinuität in der Gruppe als notwendiges Übel in Kauf genommen wurde.

---

[52] Vgl. Petermann, F., 1988.

Auch in anderen Rhythmikgruppen und sonstigen Kindergruppen konnten wir immer wieder die Beobachtung machen, daß sich zwischen zwei rivalisierenden Jungen extrem aggressives Verhalten entwickelte, das oft auch auf andere Kinder ausgedehnt wurde. Bei einer solchen unheilvollen Konstellation kann es erforderlich sein, die beiden Streithähne dauerhaft zu trennen, um überhaupt eine Chance zu haben, das gestörte Verhalten günstig beeinflussen zu können.

Wichtiges Gegenmittel gegen Entstehung von Angst im sozialen Gefüge ist eine Sicherheit vermittelnde Umgebung. Hierzu gehört auch das von einer grundsätzlichen Akzeptanz auch des gestörten und störenden Kindes getragenes Erzieher-Kind-Verhältnis. Das bedeutet selbstverständlich nicht, daß aggressives Verhalten grundsätzlich hingenommen werden soll, was eher zur Verstärkung der Aggressivität führen kann. Aber dem Kind zu vermitteln, ich akzeptiere dich als Person, vielleicht sogar, ich mag dich, auch wenn du dein Verhalten nicht immer zügeln kannst, ist für die meisten aggressiven Kinder eine völlig neue und wichtige Erfahrung. Gewohnt, immer die Buhmann-Rolle einzunehmen, haben sie in der Regel ein schlechtes Selbstwertgefühl. Niemand erwartet von ihnen Gutes, weder die Umgebung noch sie selbst.

Aggressive Kinder nehmen anders wahr

Wie in Kapitel 1.3. dargestellt wurde, werden durch die spezifisch veränderte Wahrnehmung von vielen aggressiven Kindern Situationen als bedrohlich angesehen, die auf andere harmlos wirken. Dies konnte anhand verschiedener Bildmaterialien, die von den Kindern inhaltlich interpretiert werden mußten, immer wieder bestätigt werden. Ein Schritt zur Verminderung aggressiver Handlungen besteht demzufolge darin, den Kindern Möglichkeiten zu bieten, ihre fehlerhafte Wahrnehmung zu korrigieren. Dies betrifft sowohl die richtige Einschätzung tatsächlicher oder nur vermeintlicher aggressiver Einstellungen der Umgebung zum betroffenen Kind als auch die Schulung seines Einfühlungsvermögens in andere, also seiner Wahrnehmung der Bedürfnisse anderer.

In der Rhythmik sind verschiedene Wahrnehmungsübungen ein wichtiger Teil des Unterrichts. Zu Wahrnehmungsübungen im sozialen Bereich sind auch die Aufgaben des Führens und Folgens zu rechnen. Hier ist zu unterscheiden zwischen Übungen, bei denen die ganze Gruppe von einem Kind angeleitet wird, und solchen, bei denen sich immer zwei Partner zusammenfinden. Selbst die Rolle des geführten Kindes zu übernehmen, fällt aggressiven Kindern meist zunächst außerordentlich schwer, weswegen es häufig nicht befriedigend ist, diese Übungen gleich in der ganzen Gruppe durchführen zu lassen. Solange noch kein tiefgreifendes Vertrauen in die Umgebung entwickelt ist, wird diese Rolle entweder ganz abgelehnt oder das Kind überläßt sich nicht tatsächlich der Führung durch andere.

Zunächst fällt es aggressiven Kindern meist auch schwer, bei Aufgaben, die ein Einfühlen in das passive Kind und ein Wahrnehmen von dessen Möglichkeiten erfordern, eine angemessene Führung zu übernehmen. Geeignet, eben dieses Einfühlungsvermögen zu schulen, sind Aufgaben, bei denen das geführte Kind aufgrund eines Handikaps Hilfe benötigt, z. B. dadurch, daß ihm die Augen verbunden sind.

Hier kann man immer wieder folgende Beobachtungen machen: Werden nur einem Kind die Augen verbunden, und ist die Gruppe noch nicht zu konkreter Hilfeleistung angeleitet, neigen viele Kinder dazu, oft ermuntert durch die Reaktionen der Zuschauenden, das „blinde“ Kind durch Kneifen, An-den-Haaren-Ziehen oder Schubsen zu ärgern. Sobald dagegen Verantwortung übertragen wird, ganz besonders, wenn nur ein Kind für ein anderes verantwortlich ist, nimmt die Tendenz zu einfühlsamer Hilfeleistung stark zu.

Durch einfühlsame und auf keinen Fall überfordernde Aufgabenstellung lassen sich ganz allmählich meist auch aggressive Kinder zu umsichtigen Führern machen. Als günstig erweist sich hier offenbar die Tatsache, daß das geführte Kind schon durch die Aufgabenstellung „unterlegen“ ist, von ihm also keine Bedrohung ausgeht. Einfühlendes Führen ist unvereinbar mit Aggressivität. Ein Gefühl für die Bedürfnisse des anderen zu wecken, ist deswegen ein wichtiger Schritt zur Verminderung aggressiver Handlungen. Aufgaben, durch die dies geübt werden kann, sind vor allem die Beispiele aus dem Bereich „Du und ich“ im 2. Teil des Buches (Nr. 39–73).

Nichtaggressive Handlungsweisen müssen gelernt werden

Sich durchsetzen um jeden Preis, notfalls mit Schreien, Schlagen oder Zerstören, statt zu diskutieren oder zurückzuweichen, ist das Motto vieler aggressiver Kinder. Dieses Verhalten hat sich in einem langen Trainingsprozess gefestigt und verselbständigt. Handlungsalternativen sind schließlich auch beim besten Willen nicht verfügbar und müssen erst gelernt werden. An diesem Punkt muß der Rhythmiklehrer ansetzen und beispielsweise anhand von Bildergeschichten oder Rollenspielen dem aggressiven Kind Möglichkeiten geben, alternative Verhaltensweisen kennenzulernen und auszuprobieren. Hierzu nützliche Bildergeschichten sind zum Beispiel die Geschichte „Der Josa mit der Zauberfidel“ von Janosch oder „Selina, Pumpernickel und die Katze“ von Susi Bodahl (Nummer 108 und 135).

Geeignet, einfühlsames Verhalten auszuprobieren und einzuüben ist auch das „Schildkrötenspiel“ (Nr. 73): Nach einer einleitenden Erzählung spielt ein Kind die Schildkröte und kauert mit eingezogenem Kopf am Boden. Die anderen versuchen, die Schildkröte mit Worten oder durch Spielen auf Musikinstrumenten hervorzulocken. Auf diese Weise kann jedes Kind, ohne sich selbst bedroht zu fühlen, auch weichere Persönlichkeitsanteile zulassen und ihre Wirkung erproben.

Aggressivität und Musik

Weitere hilfreiche Ansätze ergeben sich aus den Methoden und Beobachtungen der Musiktherapie: Häufig fallen aggressive Kinder durch lautes und zerstörerisches Handhaben der Musikinstrumente auf. *Gertrud Orff* schildert in ihrem Buch „Die Orff-Musiktherapie“ an mehreren Beispielen, wie es ihr gelang, durch Aufnehmen von Rhythmen auch aggressive Kinder in eine anpassungsfähige und sensible Spielweise zu lenken. Nach ihren Beobachtungen hatten derartige Veränderungen beim Spiel von Orff-Instrumenten ausgeprägte Einflüsse auch auf das sonstige Verhalten.[53] Derartige musikalische Kommunikationsformen sind auch in Rhythmikstunden üblich (z. B. Übung Nummer 50) und oft fällt es gestörten Kindern

[53] Orff, G., 1974, S. 104 f.

leichter, zunächst nur über das Medium der Musik neue Äußerungsmöglichkeiten auszuprobieren.

Man sollte nicht vergessen, daß alle gemeinsam gesungenen Lieder von jedem mitsingenden Kind Disziplin und Anpassung verlangt wird. *S. Peter-Führe*[54] hat zusammengestellt, welche großen Anforderungen gemeinsames Musizieren stellt:

- zuhören können ...,
- abwarten können ...,
- sich im richtigen Moment einbringen können ...,
- sich einfühlen können ...,
- sich zurücknehmen können ...,
- seine Ideen und Gefühle äußern können ...,
- sich in gegebene Situationswechsel einordnen können.

Oft können sich auch die Kinder, die sich sonst nicht anpassen können, hier einfügen. Manche Kinder und zwar vor allem die, die sich beim Singen unsicher fühlen, verfallen allerdings auf Albernheiten wie absichtlich falsch Singen oder übertrieben laut Singen. Tritt so ein Verhalten zum ersten Mal auf, kann es gut sein, in dieser und eventuell noch der folgenden Stunde nicht mehr zu singen. Häufig ist anschließend diese Störmöglichkeit wieder vergessen.

Teufelskreis der gegenseitigen Ablehnung

Beobachtet der Außenstehende eine ihm bislang unbekannte Kindergruppe mit ihrem Erzieher, bemerkt er unter Umständen, daß ein bestimmtes Kind häufiger ermahnt und getadelt wird als die anderen. Für den unvoreingenommenen Beobachter ist es nicht selten deutlich zu sehen, daß keineswegs immer den tatsächlich Hauptschuldigen die Vorwürfe treffen, sondern die Auswahl folgt offenbar anderen Regeln. Diese Regeln gehorchen oft weniger den Tatsachen als den Erwartungen des Erziehers. Gibt es Auseinandersetzungen, so braucht das ohnehin als Buhmann verschriene Kind nur in der Nähe zu sein, und schon ist der Schuldige identifiziert. Ebenso läßt

[54] In: Fink-Klein, W./Peter-Führe, S./Reichmann, I., 1992[5], S. 14.

sich häufig beobachten, daß Lob nicht objektiv verteilt wird. Viele Erzieher haben ihre Lieblinge in der Gruppe, die häufiger gelobt werden und denen mehr verziehen wird als den übrigen. An dieser Stelle führt ein häufig zu beobachtendes menschliches Verhalten zu einer Stabilisierung dieser Verhältnisse: Wird beim anderen Menschen Sympathie für die eigene Person gespürt, besteht meist eine deutliche Tendenz, den anderen Menschen ebenfalls sympathisch zu finden und entsprechend entgegenkommendes Verhalten zu zeigen. Erfährt man dagegen vermeintlich oder tatsächlich Ablehnung, wird auch der andere in aller Regel als unsympathisch abgelehnt. Ein aggressives Kind erfährt von seiner Umgebung überwiegend Ablehnung. Eine positive Beziehung zu den Mitmenschen zu entwickeln wird ihm deswegen außerordentlich erschwert. Auch der Pädagoge erfährt wiederum vom aggressiven Kind keine Sympathiebezeugungen, versteht dessen Fehlverhalten möglicherweise sogar als gegen ihn persönlich gerichtete Abneigung. Es folgt eine weitere die Fronten verhärtende Abneigung gegen das Kind. Dieser Teufelskreis von gegenseitiger sich verstärkender Abneigung kann nur vom Erwachsenen auf Grund einer Einsicht in die Zusammenhänge und, wenn nötig und möglich, unterstützt durch einen psychologisch geschulten Berater, durchbrochen werden.

Anerkennung und Lob sind wichtig

Anerkennung und Lob für positives Verhalten sind vielen aggressiven Kindern weitgehend unbekannt. Ein objektiver Beobachter wird aber wohl bei allen „schlimmen“ Kindern auch sozial positive Handlungen beobachten können, die vom Erzieher nicht als selbstverständlich hingenommen werden sollten, sondern durch Lob bekräftigt werden müssen. Aggressive Kinder haben häufig ein starkes Bedürfnis, eine Sonderrolle einzunehmen. Für diese Kinder bedeutet es eine Überforderung, nicht nur ihre aggressiven Äußerungen zu unterdrücken, sondern gleichzeitig auch auf jegliche Sonderrolle zu verzichten. Gestörte Kinder brauchen vermehrte Beachtung ihrer guten Fähigkeiten und in diesem Zusammenhang kann es zumindest vorübergehend erforderlich sein, aus der schlechten Sonderrolle eine positive Sonderrolle zu machen.

Das folgende Beispiel aus einer Grundschule, das sich in ähnlicher Weise und oft mit ungünstigem Ausgang an vielen Orten ständig wiederholt, zeigt den Einfluß von Ablehnung, aber auch von Anerkennung und die Entwicklung einer positiven Sonderrolle:

Mario lebt in einem kleinen Ort im Schwarzwald. Im ersten Schuljahr hielt er sich während des Unterrichts mit Erlaubnis der Lehrerin meist in der Bücherecke des Klassenzimmers auf. Hier störte er die anderen Kindern nicht durch sein Dazwischenreden beim Lernen, wie es zu Beginn des Schuljahres meist der Fall gewesen war. Am Ende des Schuljahres hatte er fast nichts gelernt, und seine Eltern stimmten der freiwilligen Wiederholung des ersten Schuljahres zu. Nun begann das Drama erst richtig: Gezwungen, nun ordentlich am Unterricht teilzunehmen, aber von Anfang an abgelehnt von seiner neuen Lehrerin, die unfaßbar krasse Vorurteile gegen Gastarbeiterfamilien hatte und beschauliche Schulstunden schätzte, schien er dieser aufgrund seines aggressiven Verhaltens untragbar in einer Regelschule. Außerdem hielt man Mario wegen der geringen Fortschritte im Schulunterricht für lernbehindert. Nun erfolgte die Überprüfung der Sonderschulbedürftigkeit, und dadurch lernte ich Mario, zunächst während einer Sportstunde, kennen: Hätten die zuschauende Sonderschullehrerin und ich nicht gewußt, welches das untragbar aggressive Kind sein sollte, wir hätten über ein falsches geurteilt: Zwar drängelte sich der sportlich sehr geschickte Mario öfter vor, um häufiger an die Reihe zu kommen, körperliche Auseinandersetzungen wurden aber immer von einem anderen Jungen angezettelt. Zwischen beiden Jungen bestand offensichtlich eine unheilvolle Rivalität, aber durch die bestehenden Vorurteile war nur die Schuld des einen gesehen worden. Als die noch durchgeführten Untersuchungen keinen Anhalt für eine Lernbehinderung zeigten, empfahlen wir den Wechsel in die Parallelklasse der selben Grundschule, deren Lehrerin Mario vorurteilsfrei annahm. Die dann folgenden Veränderungen waren höchst erfreulich. Zwar war Mario auch jetzt kein ruhiges und anpaßtes Kind, aber er übernahm eine neue Sonderrolle: Als Wiederholer der ersten Klasse und durchaus intelligenter Junge half er nun den schwächeren

Kindern bei Aufgaben, die diese nicht bewältigten. Am Ende dieses Schuljahres waren seine Leistungen gut und auch in der folgenden Zeit traten keine schwerwiegenden Probleme mehr auf.

Nicht nur, wenn durch eine Sonderrolle Neid und Ablehnung bei den anderen Kindern geweckt wird, sollte mit kindgemäßen Erklärungen und Gesprächen versucht werden, ein Verständnis für die Schwierigkeiten des gestörten Kindes zu wecken: Bei Mehmet, den wir in Kapitel 1.3 kennengelernt haben, kann dies durch den Hinweis geschehen, daß er ohne Mutter aufwachsen muß, weil sie starb, als er zwei Jahre alt war.

Jeder, der einmal beobachtet hat, wie echte Anerkennung und eine positive Einstellung das Verhalten eines schwierigen Kindes verändern kann, wird immer wieder versuchen, diesen Weg zu beschreiten, auch wenn Enttäuschungen und Rückfälle in das gewohnte Verhalten nicht ausbleiben werden.

time-out

Was können wir tun, wenn trotz unserer Bemühungen das aggressive Kind in der Rhythmikstunde untragbar wird? Hier bleibt manchmal nur die Maßnahme des „time-out“: Wird das Kind in der Gruppe unerträglich, besteht die Möglichkeit, es für kurze Zeit auszuschließen, wobei sich das Kind möglichst in einem anderen Raum aufhalten sollte, damit es nicht von außen die Gruppe stören kann. Die Möglichkeit des Ausschließens sollte vorher mit dem Kind besprochen werden, damit diese Maßnahme nicht als Zeichen der persönlichen Abneigung aufgefaßt wird, wodurch eine vertrauensvolle Basis zum Kind gefährdet würde. Es sollte dem Störer verständlich gemacht werden, daß es für alle Beteiligten am besten sei, wenn er seine Wut erst einmal abklingen läßt, ehe er wieder mitmacht. Natürlich sollte das time-out keinen Belohnungscharakter bekommen, was dadurch geschehen könnte, daß ein Erzieher sich dem Kind in dieser Zeit intensiv widmet, sondern sollte wie jedes Reagieren auf aggressives Verhalten vom Kind als nachteilig empfunden werden. Optimal ist es, das Kind in einem neutralen, das heißt weder ängstigenden noch besonders interessanten Raum warten zu lassen, bis es selbst das Gefühl hat, wieder an der Gruppe teilnehmen zu können. Leider bestehen häufig nicht die äußeren Gegebenheiten, ein derartiges time-out durchzuführen, so daß ein vorher festgelegter „Aus-Platz" im Raum die einzige Möglichkeit ist.

3.5 Rhythmik mit Kindern mit minimaler cerebraler Dysfunktion, hyperkinetischem Syndrom und Teilleistungsstörungen

Wie in Kapitel 1.4 dargestellt wurde, werden die Bezeichnungen MCD, hyperkinetisches Syndrom und Teilleistungsstörungen für sich teilweise ähnelnde bzw. sich überschneidende Auffälligkeiten benutzt. Ihr gemeinsames Merkmal sind zugrundeliegende diskrete Störungen der Hirnleistung in einzelnen Teilbereichen. In der Rhythmikgruppe können Kinder mit diesen Störungen vor allem auffallen durch Verhaltensstörungen, die sich unter anderem auf eine ungenügende Impulskontrolle und ein schlechtes Selbstwertgefühl zurückführen lassen, durch Störungen im Lernbereich und Auffälligkeiten der Motorik.

Grundsätzlich gilt für alle diese Beeinträchtigungen, daß durch gezielte Förderung eine Verbesserung erreicht werden kann, entweder dadurch, daß die Schwächen teilweise aufgeholt oder ihre Auswirkungen kompensiert werden können. Besonders effektiv ist eine direkte Förderung der ungenügend entwickelten Bereiche[55, 56]: Üben der Körperbeherrschung und der Geschicklichkeit führt zu Verbesserungen auf diesem Gebiet, Wahrnehmungsübungen schulen die Wahrnehmung in der geübten Weise, und das gezielte Üben der Selbstbeherrschung kann zu einer verbesserten Impulskontrolle führen. Die Notwendigkeit, zunächst grundlegende Fähigkeiten zu fördern, wie dies unter anderem in der sensorischen Integrationstherapie von *Jean Ayres*[57] zum Beispiel durch Stimulation des Gleichgewichtsorgans und des Körpergefühls durch Schaukeln und

[55] Eggert, D. et al., 1997[6].
[56] Frostig, M., 1974.
[57] Ayres, J., 1979.

verschiedene Lageveränderungen geschieht, wird nicht unwidersprochen von allen Seiten anerkannt.

Das Selbstwertgefühl muß verbessert werden

Fast alle Kinder, die leichte Hirnleistungsstörungen haben, sind ständig mit ihren Mißerfolgen konfrontiert und entwickeln ein zunehmend schlechtes Selbstwertgefühl. Selbst wenn die ursächlichen Störungen im Verlaufe der Entwicklung teilweise ausgeglichen werden, kann das ungenügende Selbstbewußtsein zeitlebens zu Problemen führen.

Ein Grundsatz der Rhythmik ist hier von eminenter Bedeutung: Das Kind wird erst einmal so akzeptiert, wie es ist. Dies bedeutet keinesfalls, daß alle Verhaltensweisen hingenommen und gutgeheißen werden, sondern hilft, eine vertrauensvolle Basis zu schaffen, auf der der Erzieher versuchen kann, dem Kind zu helfen. Ein Rhythmiklehrer, der sich über die Schwächen eines Kindes, das zum Beispiel keinen Rhythmus einhalten kann, ärgert, wird dem Kind kaum eine Hilfe sein können.

Ein weiterer wichtiger Grundsatz ist das Vermeiden von Überforderungen und zu hohen Ansprüchen. Die normale Erfahrung dieser Kinder ist ihr ständiges Versagen. Wenn sie tatsächlich einer Aufgabe gerecht werden, bleiben immer noch viele andere, die nicht gelöst werden können. Das heißt, Lob und Anerkennung für gute Leistungen erfahren sie so gut wie nie. An dieser Stelle decken sich die Bedürfnisse des Kindes mit der Arbeitsweise der rhythmischen Erziehung: Dadurch, daß der Schwierigkeitsgrad einer Aufgabe vom Kind und von seinen Fähigkeiten bestimmt werden soll, brauchen Überforderungssituationen nicht zu entstehen. Das in vielen Prinzipien mit Rhythmik übereinstimmende psychomotorische Training führte denn auch bei Kindern, die wegen einer Lese-Rechtschreibschwäche behandelt wurden, zu deutlichen Verbesserungen des Selbstbewußtseins und der Selbstsicherheit.[58] Dieses auch durch die rhythmisch-musikalische Erziehung zu vermitteln, ist eine der wichtigsten Aufgaben des Rhythmiklehrers.

---

[58] Eggert, D. et al., 1989³.

Zwei wichtige Voraussetzungen: Verständnis und Sachverstand

Vorbehaltloses Annehmen des gestörten Kindes in einer Atmosphäre, die geeignet ist, ihm Erfolgserlebnisse zu vermitteln, ist keine leichte Aufgabe für den Erzieher, aber eine wichtige Voraussetzung. Vor allem hyperaktive Kinder zeigen häufig ein die ganze Gruppe so stark störendes Verhalten, daß sie für eine normale Schule, einen Kindergarten oder eine Rhythmikgruppe untragbar erscheinen und in Sondereinrichtungen eingegliedert werden. Soweit sollte es möglichst nicht kommen. Die Rhythmik mit den Zielen Spontanitäts- und Kreativitätsförderung birgt allerdings besondere Gefahren für impulsive Kinder. Für diese Kinder sind einfache klare Regeln und feste Strukturen notwendig, damit sie überhaupt eine Chance haben, sich situationsgemäß zu verhalten. Offene Aufgaben, die ein Beachten vieler verschiedener Umstände erfordern, stellen meist eine Überforderung dar. Wichtig ist auch, daß Regeln so dargeboten werden, daß sie vom Kind überhaupt wahrgenommen werden können.

Ein Kind mit Hirnleistungsstörungen benötigt einen verständnisvollen, aber auch einen sachverständigen Erzieher, der den besonderen Bedürfnissen des beeinträchtigten Kindes gerecht werden kann. Die folgenden Empfehlungen sollen dazu beitragen, eine den Möglichkeiten und Erfordernissen dieser Kinder angemessene und förderliche Unterrichtssituation aufzubauen:

- Verständnis haben für die Schwächen des Kindes und die Andersartigkeit akzeptieren;
- Überforderung vermeiden;
- realistische Maßstäbe setzen;
- angemessene Anforderungen stellen und dadurch Erfolgserlebnisse vermitteln;
- Lob und Anerkennung zollen für Leistungen, die den Möglichkeiten des Kindes angemessenen sind;
- Zeitdruck vermeiden;
- die mögliche Ausdauer nicht überfordern, auch nicht in bezug auf die Dauer der Rhythmikstunde;

- Situationen, die erfahrungsgemäß zu Konflikten führen, vermeiden;
- verhindern (eventuell durch Gespräche mit der Gruppe), daß die anderen das auffällige Kind verspotten;
- Mißgeschicke, die durch Ungeschicklichkeit oder motorische Unruhe entstehen, nicht beachten;
- mit wesentlichen und unwesentlichen Problemen unterschiedlich umgehen, nur wenige wesentliche beachten;
- eine gewisse Bewegungsunruhe in Kauf nehmen und in akzeptable Bahnen lenken[59];
- klar erkennbare Grenzen in wichtigen Verhaltensbereichen setzen;
- keinen Gewinn durch aggressives Verhalten zulassen;
- keine abwertende Bestrafung anwenden, auch nicht für aggressive Handlungen;
- gemeinsam mit dem Kind Wege suchen, das Verhalten für die Gruppe erträglich zu machen, z. B. durch „time-out";
- nicht ständig ermahnen;
- kurze klare Regeln vermitteln, lange Erklärungen können nicht aufgenommen werden;
- Aufgaben klar strukturieren;
- zum Vermitteln von Regeln klaren Kontakt zum Kind aufnehmen. Wenn nötig, das Kind anfassen, anschauen und dann erst reden;
- ungewohnte, ablenkende Reize bei Aufgaben, die Konzentration erfordern, vermeiden;
- bei Ablenkung das Kind an die begonnene Aufgabe erinnern;
- dem Kind schrittweise Verantwortung, auch für das eigene Verhalten, übertragen;
- Rückschläge und Enttäuschungen hinnehmen;
- Beschämung und Beleidigung des Kindes unbedingt vermeiden.

[59] Von Winston Churchill ist überliefert, daß er wegen Hyperaktivität in der Grundschulzeit viertelstündlich um das Schulhaus laufen durfte, um anschließend wieder still sitzen zu können. (Ruf-Bächtiger, L., 1991², S. 72.)

Übungen der Rhythmik können helfen, Schwächen auszugleichen

Konzentrationsfähigkeit, Gedächtnis, Wahrnehmungsvermögen, Geschicklichkeit und soziale Anpassungsfähigkeit sind einige der Bereiche, die bei Kindern mit Hirnleistungsstörungen beeinträchtigt sein können. Für alle diese Bereiche bietet die Rhythmik Übungen, die geeignet sind, die bestehenden Schwächen zu mildern: So nehmen in der Rhythmik diverse Wahrnehmungsübungen (Wahrnehmen von Raum und Zeit, oder visuelle, akustische und taktile Wahrnehmungsübungen, aber auch Wahrnehmungsübungen im zwischenmenschlichen Bereich) einen breiten Raum ein. Entsprechende Aufgaben finden sich im 2. Teil des Buches in allen 3 Aufgabenbereichen („Ich, Du und Ich, Wir") jeweils an erster Stelle. Hier sei als Beispiel eine Übung von *Scheiblauer*[60] aufgeführt, bei der nicht nur die visuelle Wahrnehmung, sondern auch das Gedächtnis geschult wird:

> *„Lassen Sie das Kind aus den Stäbchen eine Figur legen und diese betrachten. Das Kind macht dann die Augen zu, und Sie ändern etwas an der Figur. Dann soll das Kind hinschauen und feststellen, was Sie verändert haben."*

Auch Konzentrationsübungen und Aufmerksamkeitsübungen werden in der Rhythmik üblicherweise durchgeführt. Bei *Scheiblauer* finden sich entsprechende Übungen „zur Ausdauer, Sorgfalt und Behutsamkeit". Dazu gehören zum Beispiel das Tragen einer Rasselbüchse, ohne daß Geräusche entstehen, das Übereinanderlegen von Reifen, die nicht umfallen dürfen, und ähnliches. Besonders bei diesen Übungen, wie auch bei allen Balancierübungen, muß Überforderung vermieden werden. Es entsteht sonst ein großer Anreiz, die Anerkennung und Beachtung, die durch die Leistung nicht erlangt werden kann, durch Albernheiten und Clownerie zu erzwingen.

Kinder mit Hirnleistungsstörungen haben häufig Schwierigkeiten, Rhythmen aufzunehmen oder wiederzugeben. Auch hier steht der Rhythmiklehrer vor der Aufgabe, durch flexible Abstufung der Anforderungen dem gestörten Kind Möglichkeiten zu geben, ohne

[60] Neikes, J. L., 1987, S. 73.

Überforderung mitzumachen und seine Schwierigkeiten zumindest teilweise auszugleichen.

Viele Kinder versuchen, die Tätigkeiten zu vermeiden, die sie nicht so gut wie die anderen ausführen können. Das führt durch die fehlende Übung zu einer Vergrößerung des Rückstandes zur Altersnorm. Es ist schon ein großer Schritt getan, wenn es gelingt, Kinder zum Mitmachen anzuregen, wenn Bewegungsspiele, Geschicklichkeitsübungen und Übungen zur Behutsamkeit durchgeführt werden, wobei Leistungsdruck unbedingt vermieden werden muß. Das Lernen und Wiederholen von Bewegungen ist eine wesentliche Grundvoraussetzung für die Verbesserung der motorischen Koordinationsfähigkeit.

Die Verhaltensprobleme

Wie bereits erwähnt, zeigen viele der Kinder Auffälligkeiten im sozialen und emotionalen Bereich, wozu impulsives, unangepaßtes, oft auch egoistisches und aggressives Verhalten sowie geringe Frustrationstoleranz bei meist schlechtem Selbstwertgefühl gehören. Um Probleme im zwischenmenschlichen Bereich zu bewältigen, müssen vom Kind verschiedene Voraussetzungen erfüllt werden: Es muß zum Beispiel erkennen, welches Verhalten richtig ist und welches falsch; es muß die richtigen sozialen Handlungsweisen beherrschen; es muß seine Impulsivität zügeln können. Diese und weitere Voraussetzungen sind oft nicht gegeben und müssen erst mühsam erworben werden. Zum Beispiel in Rollenspielen können soziale Situationen durchgespielt werden, wobei aber häufig Schwierigkeiten bestehen, Erkenntnisse von einer Situation auf eine andere zu übertragen: Das Ausbilden eines übergeordneten Verständnisses und von Regeln sowie planvolles Handeln sind erschwert. Verhaltenstherapeutische Prinzipien, bei denen erwünschtes Verhalten durch Verstärkung, also durch Lob oder Belohnung konsequent unterstützt wird, können dem Kind helfen, Impulsivität, Hyperaktivität oder Aggressivität besser zu kontrollieren. Von diesen Hilfen darf nicht erwartet werden, daß sich das Verhalten schon bald dauerhaft stabilisiert. Die typischen Schwankungen in Verhalten und Leistung können immer wieder zu Rückfällen führen, auch wenn schon erfreuliche Fortschritte zu erkennen sind.

Wenn wir in der Rhythmikgruppe versuchen, die Probleme dieser Kinder zu mildern, sollten wir uns in jedem Fall darüber im klaren sein, daß wir die Ursachen der Störung, sei es nun ein leichter frühkindlicher Hirnschaden, eine anlagebedingte Hirnstörung oder das soziale Umfeld, nicht beheben können. Es ist schon viel erreicht, wenn es gelingt, das Kind zu einem akzeptierten und selbstbewußteren Mitglied der Gruppe werden zu lassen und wenn in einigen Bereichen Verbesserungen zu erkennen sind.

4 Verhaltensauffällige Kinder in der Rhythmikgruppe

Entsprechend der Häufigkeit von Verhaltensstörungen werden auffällige Kinder in vielen „normalen“ Rhythmikgruppen zu finden sein. Dieses wird bei sehr vielen Gruppen der Fall sein. Wenn wir aggressive, unsichere oder alberne Kinder in einer solchen Rhythmikgruppe haben, ist es unnötig zu fragen, ob dieses Verhalten schon als krankhaft oder als noch normal einzustufen ist. Ebenfalls hüten sollte man sich auch davor, allein aufgrund seines subjektiven Eindrucks und ohne ausreichende Fachkenntnisse die Diagnosen „minimale cerebrale Dysfunktion“ oder „hyperkinetisches Syndrom“ zu verteilen. Derartige Etikettierungen sind für den Rhythmiklehrer in der Regel verzichtbar, es sei denn, er braucht sie als Hilfe, den betroffenen Kindern mehr Verständnis und Toleranz entgegenzubringen. Wenn danach getrachtet wird, durch die Rhythmik die Schwächen der Kinder zu mindern, vorhandene Stärken zu fördern, ein gutes Selbstwertgefühl zu vermitteln und den Kindern eine gute Einordnung zwischen den Polen Selbständigkeit und Anpassungsfähigkeit in der Gruppe zu vermitteln, ist die Frage nach der Diagnose zweitrangig.

4.1 Elternkontakte

Wie wir schon in bezug auf aggressives Verhalten erwähnt haben, werden wir immer wieder die Erfahrung machen, daß wir innerhalb der Gruppe offensichtliche Erfolge haben, diese aber durch ungünstige Einflüsse der Umwelt wieder zunichte gemacht werden. Dies führt zum Thema Elternkontakte. Auch wenn wir vermuten, daß ungünstige Erziehungsweisen Schuld an der Verhaltensstörung des Kindes sind, bleiben unsere Interventionsmöglichkeiten als Leiter einer Rhythmikgruppe meist gering. Selbst wenn wir das ungünstige Erziehungsverhalten direkt beobachten können und nicht auf Vermutungen oder Berichte des Kindes angewiesen sind, ist es häufig nicht möglich, durch Gespräche die Eltern zu alternativem Erziehungsverhalten zu bewegen. Eltern, deren Kinder Probleme machen, sind häufig durch die Mißerfolge ihrer Erziehung verunsichert und blocken Einmischungen von außen zunächst einmal ab. Häufig wird dann geäußert, das vom Erzieher beanstandete Verhalten trete sonst nicht auf und in der häuslichen Umgebung sei das Kind gänzlich unauffällig.

In einer solchen Situation sollte sich der Erzieher aber auch fragen, ob das auffällige Verhalten nicht tatsächlich nur in der Rhythmikgruppe auftritt oder ob die Eltern das gestörte Verhalten aus anderen Gründen nicht beobachten können, ehe ihnen die Glaubwürdigkeit abgesprochen wird. Die Rhythmikgruppe stellt möglicherweise Ansprüche an die Kreativität des Kindes, an Kontaktfähigkeit und Anpassung, an Musikalität und Körperbeherrschung, wie sie in dieser Form vor allem vom Vorschulkind vielleicht noch nie erwartet wurden. Besonders beim ersten Kind fehlt vielen Eltern auch der Vergleich, um zu beurteilen, ob sich ihr Kind altersentsprechend verhält. Besonders wenn auch der Kinderarzt noch nicht auf die bestehenden Probleme aufmerksam gemacht hat, ist es für die Eltern oft eine erhebliche Kränkung ihres Selbstwertgefühls, vom Rhythmiklehrer zu erfahren, daß ihr Kind nicht normal sei. Um das nötige Fingerspitzengefühl für ein solches Gespräch zu bekommen, sollte man sich zunächst selbst einmal innerlich in die Situation versetzen, als Vater oder Mutter schwerwiegende Mängel beim eigenen Kind mitgeteilt zu bekommen. Sehr hilfreich kann es auch sein, ein solches Elterngespräch im Rollenspiel mit einem Kollegen oder einem ausgebildeten Therapeuten zu üben. Auf alle Fälle erfordert es größtes Einfühlungsvermögen, als erster die Eltern mit den Problemen ihres Kindes zu konfrontieren, wenn aus dem Gespräch dem Kind ein Nutzen entstehen soll.

Kritisch hinterfragen sollten wir auch unsere eigene Urteilsfähigkeit: Haben wir die nötige Erfahrung, schwerwiegende Urteile abzugeben, oder haben wir durch einseitige Erfahrungen ein schiefes Bild von dem, was normal ist und was als gestört anzusehen ist? Haben wir vielleicht gerade über eine bestimmte Störung, vielleicht über die „MCD“, etwas gelesen und entdecken wir dieses Problem nun bei jedem dritten Kind in unserer Gruppe? Oder sind wir gegenüber manchen Problemen besonders empfindlich, weil wir selbst mit ihnen zu kämpfen haben? Wenn diese Zweifel aufkommen, sollte man sich nicht scheuen, vor einem Elterngespräch andere Gesprächspartner zu suchen, die ebenfalls das Kind kennen und die Beobachtungen vielleicht objektivieren können.

Ob wir nun von uns aus versuchen, mit den Eltern Kontakt aufzunehmen oder die Eltern von sich aus das Gespräch suchen, immer ist das oberste Gebot, eine Basis des Vertrauens herzustellen. Nur wenn es gelingt, den Eltern zu vermitteln, daß es nicht darum geht, Vorwürfe zu machen, sondern um das gemeinsame Finden neuer Wege, können derartige Gespräche Erfolg haben. Meist wird der Rhythmiklehrer über keine ausreichende Ausbildung und Erfahrung verfügen, selbst kompetent helfen zu können. In diesen Fällen sollte die vertrauensvolle Beziehung zu den Eltern dazu benutzt werden, den Weg zu öffnen, sachkundige Hilfe in Anspruch zu nehmen. Erziehungsberatungsstellen, speziell ausgebildete Psychologen, Kinderpsychiater und andere Kinderpsychotherapeuten in der Umgebung kommen hierfür in Frage und sollten dem Rhythmiklehrer, der verhaltensauffällige Kinder betreut, zumindest namentlich, möglichst aber auch persönlich bekannt sein.

4.2 Zusammenarbeit mit Beratungsstellen und Therapeuten

Aus der Zusammenarbeit des Rhythmiklehrers mit einer Beratungsstelle oder einem speziell ausgebildeten Therapeuten ergibt sich auch die Möglichkeit einer Supervision der Rhythmikgruppe. Diese Supervision kann entweder so aussehen, daß der Erzieher die auftretenden Probleme mit dem Therapeuten bespricht, von diesem Ratschläge erhält, über deren Erfolg oder Mißerfolg er wiederum dem Therapeuten berichtet. Die andere Möglichkeit ist die direkte Beobachtung des Gruppengeschehens durch den Therapeuten mit anschließenden Gesprächen über dessen Beobachtungen und Empfehlungen. Derartige Möglichkeiten werden noch viel zu selten genützt, obwohl für viele Mitarbeiter in Erziehungsberatungsstellen die Beobachtung der von ihnen betreuten Kinder in ihrem normalen sozialen Umfeld sowie Gespräche mit den zuständigen Lehrern und Erziehern selbstverständlicher Bestandteil der Beratung sind.

Die Hilfe eines sachkundigen Beobachters oder Gesprächspartners sollte der Rhythmiklehrer besonders auch dann in Anspruch nehmen, wenn es nicht gelingt, zu einem „unleidlichen" Kind eine positive Beziehung aufzubauen. Eigene Vorerfahrungen, Vorurteile oder Ängste, die einer guten Beziehung im Wege stehen, sind der Selbstbeobachtung häufig nicht zugänglich, können aber von einem Außenstehenden erkannt und den Betroffenen deutlich gemacht werden.

Sachkundige Hilfe kann auch dann erforderlich sein, wenn der Rhythmiklehrer bei Kindern bislang noch nicht erkannte Defizite in der geistigen oder körperlichen Entwicklung wahrnimmt, die eine spezielle Förderung beanspruchen. Hierfür den richtigen Ansprechpartner zu finden, ist nicht immer ganz einfach. Nicht jeder Arzt, nicht einmal jeder Kinderarzt oder Nervenarzt, hat die nötige Ausbildung, Erfahrung und Möglichkeit, im normalen Praxisbetrieb einen mäßig ausgeprägten, aber trotzdem schwerwiegenden Entwicklungsrückstand festzustellen und geeignete Maßnahmen zu empfehlen. Die Ableitung einer Hirnstromkurve und eine „normale" neurologische Untersuchung reichen in aller Regel jedenfalls zur genauen Beurteilung nicht aus. Oft kann man über die Erziehungsberatungsstellen erfahren, welche Einrichtung in der Umgebung am geeignetsten ist, die Auffälligkeiten genauer abzuklären, wenn die Mitarbeiter der Beratungsstelle nicht selbst die nötigen Untersuchungen durchführen können. Für speziellere Fragestellungen, zum Beispiel für die genauere Klärung von Teilleistungsstörungen, müssen unter Umständen die Zentren in Anspruch genommen werden, die sich auf diese Probleme spezialisiert haben. Hierüber wird aber in aller Regel nicht der Rhythmiklehrer entscheiden, sondern der Arzt oder eine Beratungsstelle.

Besonders in kleineren Rhythmikgruppen bestehen dann bei entspechender Anleitung und Engagement des Rhythmiklehrers gute Möglichkeiten, den Kindern zu helfen, und oft genug gibt es vor allem in ländlichen Gegenden keine erreichbaren therapeutischen Alternativen.

4.3 Gruppen für verhaltensauffällige Kinder

In verschiedenen Einrichtungen (Sonderschulen, Heimen, auch Arztpraxen und psychotherapeutischen Einrichtungen) arbeiten Rhythmiker gezielt mit verhaltensauffälligen Kindern. Hierzu ist eine umfangreichere Ausbildung erforderlich, als sie im normalen Rhythmikstudium vermittelt werden kann. So haben in derartigen Gruppen tätige Rhythmiker meist eine abgeschlossene Ausbildung als Sonderschullehrer, Sozialpädagoge, Psychologe oder ähnliches. Oft haben sie die zusätzlichen Kenntnisse in Kursen und Seminaren oder aber erst durch die Zusammenarbeit mit ausgebildeten Therapeuten erworben. Neben der Forderung nach einer ausreichenden Ausbildung des Leiters einer solchen Gruppe sind noch weitere Vorbedingungen zu beachten: Sehr wichtig sind die Überlegungen zur Zusammenstellung der Gruppe. Für schwerer gestörte Kinder kann die Teilnahme an einer Gruppe an sich schon eine Überforderung darstellen. Hier ist zunächst Einzeltherapie oder Familientherapie nötig, bis sich das Verhalten soweit stabilisiert hat, daß die im Minimum erforderliche Gruppenanpassung geleistet werden kann.

Die Zahl der an der Gruppe teilnehmenden Kinder sollte bei verhaltensgestörten generell niedriger sein als in normalen Rhythmikgruppen. *Scheiblauer* spricht noch von Gruppen mit 8 bis 10 Kindern, während *Krimm-von Fischer* empfiehlt, 6 Kinder in einer Gruppe zusammenzufassen. Diese Zahl kommt heutigen Vorstellungen von einer Kleingruppe sicherlich näher. Die Auswahl zueinander passender Kinder für eine solche Gruppe ist nicht einfach. Verschiedene Autoren[61] empfehlen, erst nach 3 bis 4 Gruppenstunden die endgültige Auswahl zu treffen. Wenn in einer größeren Einrichtung verschiedene Möglichkeiten der Gruppenzusammenstellung bestehen, ist dieses Verfahren natürlich sehr hilfreich. Der Nachteil des Eingreifens in sich gerade bildende Gruppen wird durch anschließend bessere Arbeitsbedingungen wieder ausgeglichen.

Zur Frage, wie häufig heilpädagogisch orientierte Rhythmikgruppen sich treffen sollten, lassen sich keine verbindlichen Aussagen machen. Die minimale Frequenz ist einmal pro Woche, ob sich häu-

[61] U. a. Petermann, F. und Petermann, U., 1984.

figere Treffen vereinbaren lassen, liegt an den äußeren Umständen. In Heimen und vergleichbaren Einrichtungen lassen sich unter Umständen auch 2 bis 3 Rhythmikstunden pro Woche durchführen, in der Hoffnung, daß sich dadurch das erwünschte Verhalten besser stabilisieren und auf das tägliche Leben übertragen läßt.

Für verschiedene kinderpsychotherapeutische Verfahren hat sich herausgestellt, daß die Behandlung wesentlich effektiver ist, wenn gleichzeitig Elternberatung oder Elterntraining durchgeführt wird. Man kann davon ausgehen, bei Eltern, deren Kinder sich bereits in einer therapeutischen Gruppe befinden, im allgemeinen größere Bereitschaft zur Zusammenarbeit zu finden. In diesem Fall braucht ja die Tatsache, daß das Kind gestört ist, nicht mehr geleugnet zu werden. Trotzdem erstaunt es immer wieder, wie häufig das Kind dem Therapeuten zur Behandlung angeboten wird, ohne daß die Bereitschaft besteht, innerhalb der Familie irgendwelche Veränderungen vorzunehmen. Oft ist auch nur ein Elternteil bereit, Gesprächsangebote seitens des Therapeuten anzunehmen.

4.4 Schwierige Kinder brauchen selbstkritische Erzieher

Der Umgang mit verhaltensgestörten Kindern ist für jeden Erzieher eine große Belastung, und die Versuchung, Problemkinder abzulehnen und sie aus einer Gruppe auszuschließen, kann groß sein. *Lotte Schenk-Danzinger*[62] hat 18 Kontrollfragen zusammengestellt, die dem Erzieher helfen können, seine Einstellung und sein Verhalten einem schwierigen Kind gegenüber zu reflektieren. Diese Fragen können auch dem Rhythmiklehrer (mit geringen Einschränkungen in Bezug auf außerhalb der Gruppe liegende Einflußmöglichkeiten) zur Überprüfung seines Verhaltens dienen:

„1. Wie reagiere ich emotional auf Schwierigkeiten, die mir ein Kind bereitet?

---

[62] Schenk-Danzinger, L., 1988, S. 415 f.

2. Wie steht es mit meinem Führungsstil?
3. Lasse ich mich zu Befehlen und verbalen Aggressionen hinreißen, oder spreche ich auch zu schwierigen Kindern in einer Form, die sie mir gegenüber selbst verwenden könnten?
4. Habe ich vielleicht ein Vorurteil gegen das Kind (wegen seiner Herkunft, wegen Dingen, die ich über seine Familie weiß, wegen Schwierigkeiten, die mir Geschwister bereiten, wegen seines Aussehens, wegen seines schlechten Pflegezustandes usf.)?
5. Habe ich mir überlegt, mit welchen Affekten ein Kind auf negative Verstärkungen (Strafe, Tadel, Bloßstellung, Drohungen) reagieren könnte oder reagieren muß?
6. Habe ich möglicherweise durch abfällige Bemerkungen und Ausdrücke negativer Erwartung die Leistung und das soziale Prestige des Kindes beeinträchtigt?
7. Habe ich versucht, auf aggressive Maßnahmen zu verzichten?
8. Weiß ich genug über das Kind?
9. Ist es mir gelungen, durch persönlichen Kontakt das Vertrauen des Kindes zu gewinnen?
10. Habe ich das Vertrauen und die Mitarbeit der Eltern gewonnen?
11. Habe ich versucht – wenn nötig –, die Eltern zu einer Änderung ihrer Erziehungsmethoden zu gewinnen?
12. Habe ich versucht, das Verhalten durch systematische Ermutigung und deutlich zum Ausdruck gebrachte positive Erwartungen zu beeinflussen?
13. Habe ich versucht, die anderen Kinder der Gruppe zu Miterziehern zu machen und mit ihnen zusammen unerwünschtes Verhalten zu ignorieren?
14. Habe ich versucht – wenn nötig –, soziale Situationen zu organisieren, die dem Kind Ansehen verschaffen können?
15. Habe ich alle Untersuchungen von Fachleuten veranlaßt, die mir helfen könnten, die Schwierigkeiten besser zu verstehen?
16. Habe ich die Ratschläge der Fachleute lange und geduldig durchgeführt?
17. Habe ich versucht, das Verhalten eines Kindes aus den Defiziten seiner Bedürfnisbefriedigung bzw. aus den Spannungen, die aus diesen Defiziten entstehen, zu erklären und ihm zu einer befriedigenden Erfüllung seiner Bedürfnisse zu verhelfen?

18. Sind fürsorgerische Maßnahmen, die ich veranlaßt habe, eine echte Hilfe für das Kind, oder dienen sie nicht vielleicht dazu, mich seiner zu entledigen?“

Lotte Schenk-Danzinger stellt sehr große Forderungen an den Pädagogen, und ihre „Checkliste“ ist eine Zusammenstellung vieler wichtiger Fragen, die man sich im Umgang mit schwierigen Kindern stellen sollte. Diese Liste birgt aber auch die Gefahr, daß der Rhythmiklehrer, der sie sorgfältig beherzigt, zu große Anforderungen an sich selbst stellt. Niemand ist vollkommen, und niemand sollte versuchen, vollkommen zu sein. Selbstüberforderung hinterläßt oft ein Gefühl der Hilflosigkeit und, was noch schlimmer ist, Zorn auf denjenigen, dem man eigentlich hatte helfen wollen.

Viele engagierte Erzieher und viele Angehörige anderer sozialer oder medizinischer Berufe neigen dazu, ihre eigenen Bedürfnisse nicht ausreichend wahrzunehmen. Ihr Lebenszweck ist es, anderen zu helfen. Dies bestimmt ihr Selbstwertgefühl, aber hiermit beherrschen sie nicht selten in ganz großem Maße ihre Mitmenschen und auch die ihnen anvertrauten Kinder. Wehe, wenn dann die Hilfe nicht angenommen wird oder die pädagogischen Bemühungen nicht den erwarteten und „verdienten“ Erfolg haben. Zorn auf das Kind ist die eine Folge, die anderere Konsequenz ist dann nicht selten die Schuldzuweisung an andere: Entweder sind nur die Eltern an allem schuld, oder aber Schuld an Mißerfolgen wird den Kollegen zugeschoben, die sich auch um das Kind bemühen: „Wenn Felix bei Herrn oder Frau Müller in der Gruppe war, ist er danach immer besonders aggressiv.“ Dies mag im Einzelfall zutreffen, aber wieviele Streitigkeiten, wieviel Ärger und Enttäuschungen und wieviel gegenseitige Vorwürfe unter den Erziehern könnten vermieden werden, würden 1. häufiger die bereits im Kind liegenden Grenzen einer möglichen Verhaltensänderung gesehen und akzeptiert und 2. die eigenen Grenzen und die Grenzen der anderen Mitarbeiter als selbstverständliche Gegebenheit von vornherein in die Erwartungen miteinbezogen.

Selbstkritik ist für den Erzieher wichtig, aber damit ist nicht gemeint, daß er sich in pausenlosem Selbstzweifel zerfleischen soll. Es ist sehr gefährlich, sein Selbstwertgefühl vor allem davon abhängig zu machen, ob man den anvertrauten Kindern helfen kann oder nicht. Dies gilt sowohl für das eigene Wohlergehen als auch für das Wohl der betroffenen Kinder. Der Umgang mit verhaltensauffälligen Kindern schafft nie nur Erfolge, sondern ist immer auch mit Enttäuschungen verbunden. Wer sich durch gelegentliche Mißerfolge als Person oder in seinen erzieherischen Fähigkeiten zu sehr in Frage gestellt sieht, läuft Gefahr, nicht nur die Freude am Beruf zu verlieren, sondern auch sein Selbstbewußtsein leidet in besorgniserregendem Maße darunter. Und mancher, der kein ausreichendes Selbstbewußtsein besitzt, kompensiert dies mit Angriffen und Vorwürfen gegen seine Mitmenschen, im vergeblichen Bemühen, sich hierdurch selbst aufzuwerten.

Auch für das Kind ist es schädlich, wenn das Selbstwertgefühl des Erziehers davon abhängig ist, ob das Kind so „funktioniert", wie es der Lehrer auf Grund seiner pädagogischen Bemühungen erwartet. Dies bringt das Kind in eine zu große Abhängigkeit, weil ihm die Verantwortung dafür aufgebürdet wird, ob es dem Lehrer gut geht oder nicht. Und auch wenn dem Lehrer sein pädagogisches Engagement ganz überwiegend dazu dient, seine eigene Leistung herauszustellen, müssen entweder das Kind oder die Kollegen oder die Eltern daran Schaden nehmen.

Kindliches Verhalten steht immer in einer engen Wechselwirkung zum Verhalten der Umgebung und ganz besonders zu dem seiner Erzieher. Jeder Pädagoge bringt seine eigenen Probleme in die Beziehung zum Kind mit hinein und jeder selbstkritische Pädagoge wird die Erfahrung gemacht haben, daß er bestimmten Auffälligkeiten gegenüber besonders empfindlich ist. Vielleicht hält er Unsicherheit und Ängstlichkeit für ein besonders großes Problem, weil er selbst unter seiner Unsicherheit gelitten hat. Jemand anders fürchtet mehr als andere die Aggressivität, weil diese seine Vorstellungen von einer harmonischen Gruppe besonders stört. In jedem Fall sollte man sich über seine besonderen Empfindlichkeiten gegenüber manchen Auffälligkeiten klar werden, dann nach ihren Ursachen suchen, um dadurch zu lernen, eine ausreichende Objektivität und Toleranz zu entwickeln. Wenn die Möglichkeit besteht, sollte man sich auch nicht scheuen, ein Kind notfalls in eine andere Gruppe einzugliedern, um eine ungute Beziehung zu lösen.

4.5 Nutzen der Rhythmik bei Verhaltensauffälligkeiten

Nachdem in diesem ersten Teil des Buches viele verschiedene Gesichtspunkte von Rhythmik mit verhaltensauffälligen Kindern erörtert wurden, stellt sich am Schluß die Frage nach der Effektivität und dem Nutzen der Rhythmik in diesem Aufgabenbereich.

Seit Beginn der rhythmischen Erziehung stehen subjektive Erfolgsberichte in großer Zahl zur Verfügung. Wissenschaftlich abgesicherte Effizienzüberprüfungen existieren meines Wissens nicht. Dies ist verständlich, weil die flexible Arbeitsweise der Rhythmik und ihre Grundeinstellung zu einer ganzheitlichen Erziehung derartigen Meßverfahren entgegensteht. In anderen der Rhythmik ähnelnden Methoden sind derartige Überprüfungen jedoch durchgeführt worden. Dies gilt zum Beispiel für das psychomotorische Training, wo nicht nur die körperlichen und geistigen Fähigkeiten positiv beeinflußt[63], sondern auch positive Veränderungen im Sozialverhalten und Selbstbewußtsein[64] registriert wurden.

Die Zahl verhaltensgestörter Kinder ist groß. Die wenigsten von ihnen können bislang in kleinen, ihren Möglichkeiten entsprechenden Kindergruppen ihre Defizite ausgleichen. Heilpädagogische Kindergärten oder Sonderschulen, die speziell für verhaltensauffällige, aber nicht lernbehinderte Kinder geeignet sind, gibt es fast nur in größeren Städten. Die Alternative, eine Unterbringung in heilpädagogischen Heimen oder heilpädagogischen Internaten ist vor allem im Vorschul- und frühen Grundschulalter nur in besonderen Fällen sinnvoll.

Rhythmikgruppen bestehen heute nicht nur an vielen Jugendmusikschulen, sondern sehr viele Kindergärten und Kindertagesstätten bieten allen dort betreuten Kindern Rhythmikgruppen an. Hierdurch besteht die große Chance, sehr viele auffällige Kinder mit einer pädagogischen Methode zu erreichen, die ihnen helfen kann, ihre Schwierigkeiten zu überwinden. Wenn therapeutische Möglichkeiten nicht in Anspruch genommen werden, weil die Einsicht der

63 Karch, D. et al., 1989, S. 96.

64 Eggert, D. et al., 1989^3.

Eltern in die Probleme fehlt, stellt die Rhythmikgruppe mit ihrer Atmosphäre ohne Leistungsdruck und ihren den Möglichkeiten der Kinder angepaßten Anforderungen unter Leitung eines entsprechend ausgebildeten Rhythmiklehrers (oder eines Rhythmiklehrers in Zusammenarbeit mit Therapeuten oder Sonderpädagogen) oft die einzige von den Eltern akzeptierte Möglichkeit dar, den betroffenen Kindern zu helfen.

Literaturverzeichnis

Arm, B.: Teilleistungsstörungen. Unveröffentlichtes Referat und persönliche Mitteilung 1991
Ayres, A. J.: Lernstörungen. Sensorisch-integrative Dysfunktionen. Springer, Berlin Heidelberg 1979
Borg-Laufs, M.: Aggressives Verhalten. Mythen und Möglichkeiten, dgvt-Verlag, Tübingen 1997
Cranach et al.: 1976 zitiert nach Petermann, F. und Petermann, U. 1989, Seite 13
Dollard, J. et al.: Frustration and Aggression. Yale University Press, New Haven 1939
Eggert, D.: (Hrsg.) Psychomotorisches Training. Beltz Praxis, Weinheim, Basel 6. Auflage 1997
Feudel, E.: Dynamische Pädagogik. Herder, Freiburg 1963
Fink-Klein, W., Peter-Führe, S., Reichmann, I.: Rhythmik im Kindergarten. Herder, Freiburg 1987
Flade, S.: Diät für Allergiker. Selbstverlag, München 1988
Frostig, M.: Bewegungserziehung. Reinhardt, München 1980 3. Auflage
Frostig, M.: Frostigs Entwicklungstest der visuellen Wahrnehmung. FEW Manual Beltz, Weinheim 1974
Genius, H.N.: Musiktherapie. In Arnold et al. (Hrsg.) Lexikon der Psychologie. Herder, Freiburg 1988
Höllering, A.: Zur Theorie und Praxis der rhythmischen Erziehung. Marhold, Berlin 1975
Hünnekens, H., Kiphard, E. J.: Bewegung heilt. Flöttmann, Gütersloh 7. Auflage 1985
Karch, D., Michaelis, R., Rennen-Allhoff, B., Schlack, H. G.: Normale und gestörte Entwicklung. Springer Verlag, Berlin 1989
Krimm-von Fischer, C.: Musikalisch-rhythmische Erziehung. Herder, Freiburg 1987
Lauth, G. W., Schlottke, P. F.: Training mit aufmerksamkeitsgestörten Kindern. Psychologie Verlags Union, Weinheim 1993
Minde, K.: Hyperkinetisches Syndrom. In: Remschmidt und

Schmidt (Hrsg.) Kinder und Jugendpsychiatrie in Klinik und Praxis Bd. III. Thieme, Stuttgart 1985

Naville, S.: 1973: Psychomotorische Therapie und Musik. In: Pahlen (Hrsg.) Musiktherapie, Heyne, München 1973, S. 125–131

Neikes, J. L.: Scheiblauer Rhythmik, Richartz, Sankt Augustin 1987

Neill, A. S.: Theorie und Praxis der antiautoritären Erziehung. Rowohlt, Reinbek, 6. Auflage 1970

Nolting, H.-P.: Lernfall Aggression. Wir sie entsteht – wie sie zu vermindern ist, Rowohlt Reinbek 1997

Orff, G.: Die Orff-Musiktherapie. Kindler, München 1974

Orff, G.: Schlüsselbegriffe der Orff-Musiktherapie. Beltz, Weinheim 1984

Petermann, F. und Petermann, U.: Training mit aggressiven Kindern. Urban und Schwarzenberg, 2. Auflage 1984

Petermann, F. und Petermann, U.: Training mit sozial unsicheren Kindern. Psychologie Verlags Union, München 1989

Petermann, F.: Aggressive Kinder. Pädiatrie 1, 2, 95–102, 1988

R*emschmidt, H., Walter, R.:* Psychische Auffälligkeiten bei Schulkindern. In: Kinder- Jugendpsychiat. 18, 1990, S. 121–132

Ross, A. O., Petermann,F.: Verhaltenstherapie mit Kindern und Jugendlichen. Hippokrates, Stuttgart 1987

Ruf-Bächtiger, L.: Das frühkindliche psychoorganische Syndrom. Thieme, Stuttgart 1991

Rutter, M. et al.: A neuropsychiatric study in childhood. Clinics in developmental medicine, No. 35/36 Heinemann, London 1970

Sagi, A.: Verhaltensauffällige Kinder im Kindergarten. Herder, Freiburg 3. Auflage 1986

Schenk, J.: Abweichendes Verhalten. In: Handbuch der Psychologie Bd. 8/1, Göttingen 1977

Schenk-Danzinger, L.: Entwicklung, Sozialisation, Erziehung. Klett-Cotta, Stuttgart 1988

Späth. B.: Aggressivität und Erziehung. Piper & Co, München 1979

Thalmann, H.-C.: Verhaltensstörungen bei Kindern im Grundschulalter. Klett, Stuttgart 1971.

Vogel-Steinmann, B.: Was ist Rhythmik? Bosse, Regensburg 1979

Wender, P. H.: Minimal Brain Dysfunktion in Children. Wiley, New York 1971

Wurst, F.: Heilpädagogik. In: Kindlers Psychologie des 20. Jhs. Bd. Erziehung 1 der Lizenzausgabe, Beltz, Weinheim 1986

Weiterführende Bücher

1. Zum Thema Verhaltensauffälligkeiten und gestörte Entwicklung

Becker-Textor, I.: Schwierige Kinder gibt es nicht – oder doch? Problemkinder im Kindergarten. Herder, Freiburg 5. Auflage 1997

Döpfner, M., Schürmann, S.: Therapieprogramm für Kinder mit hyperkinetischem und oppositionellem Proplemverhalten. Psychologie Verlags Union, Weinheim 1997

Eggert, D.: (Hrsg.) Psychomotorisches Training. Beltz Praxis, Weinheim, Basel 6. Auflage 1997

Frostig, M. Horne, D.: Individualprogramm zur visuellen Wahrnehmungsförderung. Schroedel, Hannover o. J.

Frostig, M.: Bewegungserziehung. Reinhardt München 5. Auflage 1992

G. W., Schlottke, P.F.: Training mit aufmerksamkeitsgestörten Kindern. Psychologie Verlags Union, Weinheim 1993

Haug-Schnabel, G.: Aggressionen im Kindergarten. Verständnis und Bewältigung. Herder, Freiburg 2. Auflage 1997

Hünnekens, H., Kiphard, E. J.: Bewegung heilt. Flöttmann, Gütersloh 7. Auflage 1994

Kiphard, E. J.: Mototherapie I u. II. Modernes Lernen, Dortmund 4. Auflage 1995

Linn, M., Holtz, R.: Übungsbehandlung bei psychomotorischen Entwicklungsstörungen. Reinhardt, Basel 2. Auflage 1995

Neuhaus, C.: Das hyperaktive Kind und seine Probleme. Ravensburger Buchverlag, 1996

Orff, G.: Schlüsselbegriffe der Orff-Musiktherapie Psychologie Verlags Union, Weinheim 2. Auflage 1990

Petermann, F. und Petermann, U.: Training mit sozial unsicheren Kindern. Psychologie Verlags Union, Weinheim 8. Auflage 1997

Petermann, F. und Petermann, U.: Training mit aggressiven Kindern. Psychologie Verlags Union, Weinheim 8. Auflage 1997

Petermann, U.: Entspannngstechniken für Kinder und Jugendliche. Psychologie Verlags Union, Weinheim 1996

Regel, G. Wieland, A. J.: Psychomotorik im Kindergarten. Rissen, Reinbek 1984

Riedl, A., Laubert, V.: Herausforderung Gewalt. Programm Polizeiliche Kriminalprävention, herausgegeben vom Innenministerium Baden-Württemberg

Ruf-Bächtiger, L.: Das frühkindliche psychoorganische Syndrom. Thieme, Stuttgart 3. Auflage 1995

Sagi, A.: Verhaltensauffällige Kinder im Kindergarten. Herder, Freiburg 11. Auflage 1998

Schenk-Danzinger, L.: Entwicklung, Sozialisation, Erziehung, Teil I: Geburt bis Schulfähigkeit, 4. Auflage 1994, Teil II: Schul- und Jugendalter, Klett-Cotta, Stuttgart 1988

Steinhausen, H.-C. (Hg.): Hyperkinetische Störungen im Kindes- und Jugendalter. Kohlhammer, Stuttgart 1995

2. Zum Thema Therapie für verhaltensauffällige Kinder

Feudel, E.: Dynamische Pädagogik. Herder, Freiburg 1963; Kallmeyer, Hildesheim 1994

Fink-Klein, W., Peter-Führe, S., Reichmann, I.: Rhythmik im Kindergarten. Herder, Freiburg 8. Auflage 1997

Jaques-Dalcroze, E.: Rhythmus Musik und Erziehung. Basel 1921, rpr. Göttingen 1977

Krimm-von Fischer, C.: Musikalisch-rhythmische Erziehung. Herder, Freiburg 1987

Neikes, J. L.: Scheiblauer Rhythmik. Richartz, Sankt Augustin 4. Auflage 1993

Thaler-Battistini, A. (Hg.): Rhythmik in der Heilpädagogik, Edition SZH/SPC, Luzern 2. Auflage 1992

Vogel-Steinmann, B.: Was ist Rhythmik? Bosse, Regensburg 1979

Zuckrigl, H., Zuckrigl, A.: Rhythmik hilft behinderten Kindern. Reinhardt, München 3. Auflage 1994

Teil 2
Praxis der Rhythmik mit verhaltensauffälligen Kindern

Sabine Vliex

Beruf: Rhythmikpädagoge

In der Regel erwirbt man das Rhythmiklehrerdiplom nach einem 4jährigen Studium an einer Staatlichen Hochschule für Musik. Für diese Ausbildung sind in einer Aufnahmeprüfung sowohl die pädagogische Eignung als auch ein hohes Maß an Bewegungsbegabung und Musikalität nachzuweisen.[1] Der ausgebildete Rhythmiklehrer soll für seine Unterrichtstätigkeit mit Erwachsenen- oder Kindergruppen vor allem auf die im Studium erworbenen Eigenerfahrungen mit den Medien Musik und Bewegung und auch auf seine eigenen Gruppenerfahrungen zurückgreifen können.

Die Entscheidung zu einem Beruf, der sich mit der Förderung kindlicher Entwicklungsprozesse befaßt, wird meistens von solchen Menschen getroffen, die ihre berufliche Aufgabe nicht als reine Pflichterfüllung verstehen. Der Rhythmiklehrer gliedert sich mit seiner Arbeit in die Reihe vieler anderer entwicklungsfördernder pädagogisch-psychologischer Berufe (Erzieher, Sozialarbeiter, Pädagogen, Psychologen usw.) ein. Oft haben Rhythmiklehrer sogar zwei berufliche Qualifikationen, denn für die eben aufgeführten Berufsgruppen besteht die Möglichkeit einer Zusatzausbildung im Fach Rhythmik[2].

[1] Zur Zeit kann ein Rhythmikstudium an den Musikhochschulen: Hamburg, Berlin, Hannover, Münster, Köln, Stuttgart, Trossingen und Freiburg absolviert werden.
[2] Zum Beispiel an der Bundesakademie in Trossingen oder Remscheid.

1 Rhythmikunterricht mit verhaltensauffälligen Kindern: Planen – Handeln – Reflektieren

Wenn Rhythmikunterricht speziell für verhaltensauffällige Kinder angeboten wird, sind vor allem pädagogisch-psychologische Kenntnisse notwendig.

In den vorausgegangenen Kapiteln wurde deutlich, wie viele Wissensvoraussetzungen ein Rhythmiklehrer mitbringen muß. Dieses Wissen ist nicht ausschließlich theoretisch erlernbar. Jeder, der schon einmal Gruppen unterrichtet hat, kennt den sogenannten „Praxisschock“ und das Gefühl, plötzlich auf sehr vielen Ebenen gleichzeitig gefordert zu sein. Die Notwendigkeit, situationsangemessen zu handeln, zu agieren und zu reagieren, verlangt eine ganz andere Aktivierung des Persönlichkeitspotentials als die rein theoretische Auseinandersetzung mit der Problematik.[3] Kurz gesagt: Zwischen Theorie und Praxis liegt ein langer Weg!

Gerade die Arbeit mit Musik und Bewegung enthält das Risiko, in „Krach und Chaos“ ausarten zu können. Es ist schwierig, diese lebendigen Aktionsformen Musik und Bewegung in einigermaßen geordnete Bahnen zu lenken, ohne ihnen den „vitalen Reiz“ vollends zu nehmen. Für den Rhythmikunterricht, der Kindern „lebendige Erfahrungen“ mit Musik und Bewegung in einer Gruppe Gleichaltriger vermitteln möchte, sind die Ziele gleichberechtigt auf alle drei Bereiche (Musik, Bewegung, Sozialverhalten) ausgerichtet. Anders bei der Arbeit mit verhaltensauffälligen Kindern: Hier wird der Schwerpunkt ganz besonders stark auf das Bewußtmachen, Erlernen und Üben „sozialer Verhaltensweisen und auf die „Persönlichkeitsförderung“ gelegt. Diesbezüglich sollten:

– für jedes Kind, abgeleitet aus der Analyse der spezifischen Verhaltensprobleme, individuelle Zielsetzungen gegeben sein;

[3] Vgl. W. Schreckenburg, Vom „guten“ zum „besseren“ Lehrer, S. 169.

- die Rhythmikstunden thematisch so geplant sein, daß sich aus diesen Inhalten für die Kinder Verhaltensalternativen ableiten lassen;
- der Umgang mit „Unterrichtsregeln“ und „Spielregeln“ genau differenziert werden: Unterrichtsregeln stellen eine unabdingbare, einsichtig zu machende Notwendigkeit für das Funktionieren der Gruppenarbeit dar und sollten konsequent vertreten werden. Spielregeln können von den Kindern mitbestimmt, verändert oder erweitert werden, sie dienen als Mittel, um eine gemeinsame Spielfreude zu erreichen.

Verhaltensauffällige Kinder brauchen (wie alle Kinder) „gute Lehrer“, d. h. echt und engagiert auftretende Persönlichkeiten, die flexibel und entscheidungsfähig Ziele und Prozesse der Arbeit verfolgen können. Besonders die persönlichkeitsbildenden Ziele, die das Fach Rhythmik von jeher mitgeprägt haben (zum Beispiel durch *E. Feudel* oder *M. Scheiblauer*), weisen jeden Rhythmiklehrer auf wichtige methodische Grundsätze hin, von denen an dieser Stelle folgende genannt werden:

- Nehmen Sie jedes Kind in seiner persönlichen Eigenart so an, wie es ist, und nehmen Sie es ernst.
- Geben Sie jedem Kind Spielräume für eigene Lösungen und zur individuellen Entfaltung.
- Richten Sie Ihre Aufmerksamkeit sowohl auf jedes einzelne Kind als auch auf den Zusammenhalt der Gruppe.
- Geben Sie den Kindern solche Anregungen und Anleitungen, die das Gefühl für die Gemeinsamkeit bestärken.
- Zeigen Sie bei allem, was Sie tun, auch eigene Spiel-, Musik- und Bewegungsfreude.

Aus all diesen Hinweisen ergibt sich ein komplexes Aufgabenfeld, das zum einen nur durch die Bereitschaft gründlichster Vor- und Nachbereitung der Rhythmikstunden bewältigt werden kann, zum anderen aber auch ein ständiges Reflektieren und „Sich-Selbst-Hinterfragen“ erfordert.

Wer sich mit kindlichen Verhaltensweisen und Verhaltensauffälligkeiten auseinandersetzt, muß sich auch sein eigenes Verhalten immer wieder bewußtmachen. Es kann deshalb nicht schaden, die Rhythmikstunden von Zeit zu Zeit auf Cassette oder Videofilm aufzuzeichnen. Die beste Rückmeldung darüber, ob Lehrer und Kinder erfolgreich miteinander fortschreiten, kann ein vertrauter und fachkompetenter Kollege oder Teampartner geben, der dem Unterricht (ab und zu) als Beobachter beiwohnt. Gerade die Zusammenarbeit mit Therapeuten und Sonderpädagogen (siehe Teil 1, Kap. 4) kann zur Effektivität des Rhythmikunterrichts mit verhaltensauffälligen Kindern beitragen und ist deshalb ausdrücklich nochmals zu empfehlen.

1.1 Rhythmik bestärkt das soziale Lernen in der Gruppe

Der Mensch ist ein Gruppenwesen. Unsere Bedürfnisse nach Kontakt, Geborgenheit, Sicherheit und Liebe, aber auch nach Geltung und Selbstverwirklichung erfordern eine nie endende Lernbereitschaft in unserem sozialen Verhalten. In der Rhythmik mit verhaltensauffälligen Kindern werden diese Lernprozesse bewußt in den Vordergrund gestellt und mit Lernzielen aus den Bereichen Musik und Bewegung verknüpft. Die Kinder haben Gelegenheit, die positiven Seiten der Gemeinschaftlichkeit kennenzulernen. Sie sollen lernen, in ihrer persönlichen Eigenart zu einem funktionierenden Gruppengeschehen beizutragen. Dies spricht für einen Unterricht in Gruppen, denn „Gruppe ist ein Stück Welt auf Zeit…[4] Zwar soll die besondere Situation des Unterrichts nicht unmittelbar mit der Alltagssituation der Kinder gleichgestellt werden, doch bietet sie trotz ihrer konstruierten Künstlichkeit oftmals Gelegenheit zur Erfahrungsübertragung in die Realität. So kann zum Beispiel das gemeinsame Nachspielen einer Bilderbuchgeschichte in Musik, Bewegung und Rollenspiel nachhaltige Wirkungen auslösen, weil die ersten Übertragungen dessen, was inhaltlich erfaßt wurde, nun auch auf körperlicher, sprachlicher und musikalischer Ebene geübt wurden. Die Kinder werden dadurch sensibilisiert, inhaltliche Zusammen-

[4] Vgl. Langmaack/Braune-Krickau, Wie die Gruppe laufen lernt.

hänge in andere Medien (Situationen) zu übertragen, und lernen gleichzeitig, daß es hierfür viele verschiedene Lösungen gibt, die man miteinander, nacheinander und nebeneinander darstellen kann. Allerdings kann der Gruppenunterricht auch Nachteile mit sich bringen. Wie in den vorausgegangenen Kapiteln deutlich wurde, ist es eine wichtige Aufgabe des Rhythmiklehrers, sich unter Berücksichtigung der Verhaltensprobleme für jedes einzelne Kind besondere Zielsetzungen auszuarbeiten und durch entsprechend positive Verstärkung das Verhalten des Kindes fördernd zu beeinflussen. Es stellt sich die Frage, wie dies innerhalb einer Gruppe bei allen Kindern gleichzeitig wirksam werden kann.

Mit dem Anspruch, in jeder Situation für jedes Kind plangerecht reagieren zu können, dürfte wohl jeder Rhythmiklehrer überfordert sein. Deshalb müssen in diesem Punkt Kompromisse zugunsten der Gruppe geschlossen werden. Ebenso soll die Kompromißfähigkeit auch bei jedem einzelnen Kind innerhalb der Rhythmikgruppe gefördert werden, wodurch wichtige Lernprozesse in Gang kommen. Wo sonst, wenn nicht in der Auseinandersetzung mit einem oder mehreren Partnern, können Kinder sich selbst in ihren Möglichkeiten und Grenzen besser kennenlernen? In Situationen der Auseinandersetzung, der gegenseitigen Verantwortung, der Einordnung, der Übernahme von Führungsrollen sowie des Aufschubs oder Verzichts zugunsten anderer liegt die Chance, sich in unterschiedlichsten Verhaltensweisen zu üben – ein Angebot, von dem man erwarten darf, daß es zur positiven Unterstützung im Entwicklungsprozeß des Kindes beiträgt. Trotzdem gibt es aber auch Ausnahmen (siehe Teil 1, Kap. 3.4). Wenn Probleme einzelner Kinder zu massiv werden, als daß sie innerhalb einer Gruppe aufgefangen werden können, muß nach zusätzlichen Möglichkeiten gesucht werden. Eine Gruppe ist nicht unbegrenzt belastbar. Damit nicht alles auseinandergleitet, müssen Situationen der Gemeinsamkeit in einem Mindestmaß spürbar bleiben. Für den alltäglichen Rhythmikunterricht an Musikschulen, Kindergärten usw. gibt es für solche Problemsituationen leider nur sehr wenige Alternativen. Maßnahmen wie das „kurzfristige Ausschließen“ aus dem gemeinsamen Unterricht können vor allem schon wegen der Aufsichtspflicht nicht angekündigt werden, ganz zu schweigen von den meist unzureichenden (neben)räumlichen Gegebenheiten. So bleiben angekündigte Konsequenzen oft „in der Luft" hängen …! Die Teamarbeit dagegen könnte mehr Hilfen anbieten.

Ein spezielles Rhythmikangebot für verhaltensauffällige Kinder, welches von vornherein eine dichte Zusammenarbeit zwischen Rhythmiklehrer, Therapeut und Eltern erfordern würde, könnte Möglichkeiten, zum Beispiel des paarweisen Unterrichts oder der Einzelstunde, eröffnen. Darüber hinaus blieben die Gruppenzusammensetzungen nicht länger dem Zufall überlassen, und anstehende Probleme könnten vorab im Team besprochen werden. Anforderungen, die im Interesse des Gruppengeschehens an jedes Kind gestellt werden müssen (sich einordnen, abwarten, andere akzeptieren usw.), könnten so schon im voraus besser ausgelotet werden, so daß die individuellen Fähigkeiten des Kindes nicht überfordert wären.

1.2 Musik und Bewegung sind Ausdrucksmedien, die Gefühl und Verstand ansprechen

Glücklicherweise stehen uns mit den Medien Musik und Bewegung zwei ganz besondere Ausdrucksformen zu Verfügung, die sowohl emotional ansprechend, als auch triebbefriedigend und gleichzeitig ordnend wirken können. Man denke nur an das gemeinsame Singen, durch das ein Ordnungs- und Aufmerksamkeitsverhalten der Kinder eher und direkter ausgelöst werden kann als durch eine sprachliche Aufforderung. Das Singen als Gemeinschaftserlebnis stellt gerade in der Arbeit mit verhaltensauffälligen Kindern eine große Hilfe dar.

Ebenso die Bewegungsaufgaben, die mit musikalischen Aufgaben gekoppelt sind: Hier hat das Kind einerseits die Möglichkeit zu einer kontrollierten Triebabfuhr (zum Beispiel durch Fortbewegung im Raum) und ist andererseits trotzdem mit all seinen Sinnen gefordert, auf die verabredeten Klangsignale zu reagieren (bzw. zu unterbrechen, umzuschalten oder sich zu sammeln). So wird das Aufmerksam- und Ausgelassensein gleichberechtigt in einer Übung miteinander kombiniert.

Das gemeinsame Musizieren auf Instrumenten fordert zu einer Ordnung auf, die schon deshalb gerne von den meisten Kindern eingehalten wird, weil sie im engen Zusammenhang mit einem reizvollen Klangereignis steht. Hierbei handelt es sich um einen Vorgang, der im Kind die Fähigkeit bestärkt, Spannungen aushalten zu können. Seien es nun solche Spannungen, die beispielsweise durch rhythmische oder dynamische Entwicklungen entstehen, oder solche, die die Spielordnung (zum Beispiel Abwarten bis zum Einsatz usw.) betreffen. Die Kinder erleben dadurch Spannungs-, Lösungssituationen, die sie selbst bewußt mitgestalten, indem sie sich nach gemeinsamen Spielregeln richten.

Eine wache Beziehung zu den anderen Mitspielern kann durch das Angebot des gemeinsamen Musizierens stark verbessert werden. Wichtig bei all dem ist jedoch zum einen eine spielerische Anleitung und zum anderen die Verknüpfung der Aufgaben mit einem der Vorstellungswelt der Kinder entgegenkommenden Inhalt. Hierfür trägt der Rhythmiklehrer die Verantwortung. Rollenklischees, Diffamierungen von Randgruppen, Erwachsenenironie und Verallgemeinerungen, wie sie in vielen Märchen, Bilderbuchgeschichten oder Kinderliedern zu finden sind, können dabei gar nicht kritisch genug hinterfragt werden. Wir wissen zwar, wie wichtig beispielsweise die Klischees der „intakten Kindergeschichten-Familie“ (Mutter – Vater – Kind) samt ihrer traditionellen Rollenaufteilung für das Sicherheits- und Geborgenheitsgefühl der Kinder sind, aber das rechtfertigt nicht das ständige „Vorgaukeln einer harmonischen Welt“. Verhaltensauffällige Kinder haben Probleme, die sie lösen können. Es gibt Beispiele in der Kinderliteratur, in denen es auch um Problemlösungen geht. In diesem Bereich sollte auch nach Unterrichtsmaterial gesucht werden (siehe hierzu die Bilderbuchvorschläge in der Übungssammlung Nr. 135).

Ist eine sinnvolle und anregende inhaltliche Thematik erst einmal gefunden, dann läßt sich diese in zahlreichen Variationen, Abwandlungen und Erweiterungen an die Gruppe herantragen. Nicht zuletzt sollten auch die Kinder selbst Gelegenheit haben, Ideen und eigene Spielregeln entwickeln zu können.

Eigenerlebnisse und das Gefühl der Gemeinsamkeit können sich auf diese Weise dem Kind als Erfahrungswerte in der Beschäftigung mit den Medien Musik und Bewegung vermitteln und ihm somit zur Entwicklung einer wachen und ausgeglichenen Persönlichkeit verhelfen.

2 Methodische Hilfen

2.1 Regeln für den Rhythmikunterricht

a) Platzordnungen im Raum

- Einen Sammelpunkt oder Sitzkreis an einem geeigneten Platz im Raum festlegen.
- Zuschauerplätze bzw. Randplätze, die den Raumüberblick für alle Kinder ermöglichen, zu gegebener Zeit festlegen.
- Im Unterrichtsraum nach besonders „geborgenen Plätzen" Ausschau halten. Ein solcher Ort wäre geeignet zum Geschichtenerzählen oder Musikhören.
- Einen festen Standort für die Instrumente, Geräte und Materialien, die im Unterricht verwendet werden sollen, auswählen (möglichst am Rand des Raumes bzw. in einer Ecke).

Klare Raumordnungen vermitteln den Kindern das Gefühl von Sicherheit und Geborgenheit. Zudem kann die Abwechslung zwischen diesen festen Raumplätzen die Aufmerksamkeit der Kinder immer wieder wecken.

b) Rituale und grundsätzliche Verabredungen für den Unterrichtsablauf

- Die Rhythmikstunde gemeinsam beginnen und gemeinsam beenden (zum Beispiel mit einem Lied oder Vers, der sich in jeder Stunde wiederholt). Siehe Übungssammlung: „Der Nett-Miteinander-Vers" Nr. 79.
- Ein Zeichen verabreden für „Ruhe bitte!" (zum Beispiel beide Hände heben).
- Beim Hören von Musikbeispielen nicht dazwischen sprechen. Regel: „Erst dann wieder etwas sagen, wenn die Musik ‚ausge-

redet' hat!" (Trotzdem auch hier ein Handzeichen verabreden, mit dem jeder signalisieren kann, daß die Musik ausgeschaltet werden soll, weil es vielleicht dringend etwas dazu zu sagen gibt.)

- Sich gegenseitig zuhören und anderen nicht ins Wort fallen (Gesprächsordnungen einhalten).
- Den Raum nur nach Absprache mit dem Rhythmiklehrer verlassen.
- Sich gegenseitig nicht stören und wehtun.

Unterrichtsrituale fördern die Gemeinsamkeit und tragen dazu bei, den Ablauf der Rhythmikstunde klar zu gliedern. Dies kommt dem Ordnungs- und Sicherheitsbedürfnis der Kinder entgegen. Manche dieser Verabredungen und Rituale lassen das Mitbestimmen der Kinder zu, wodurch ein einfühlsameres Umgehen miteinander noch bestärkt werden kann. Rituale und Regelungen sollten nach und nach immer im Zusammenhang mit Situationen, die jene erforderlich machen, eingeführt, dann aber auch konsequent durchgehalten werden.

Anstrebenswert ist es, nur wenige, aber klare Regeln zu vereinbaren, damit die Unterrichtsdynamik nicht erstarrt.

c) Angemessener und „liebevoller" Umgang mit Instrumenten und Geräten

- Einzelne Instrumente vorstellen (so, daß jedes Kind ein Instrument der gleichen Sorte zur Verfügung hat), denn wenn verschiedene Instrumente gleichzeitig ins Spiel kommen, ist die Gefahr der Ablenkung und oberflächlichen Handhabung größer.
- Am besten läßt sich mit Fellinstrumenten beginnen, denn das „Fell", zum Beispiel einer Handtrommel, kann in seiner Empfindlichkeit gut mit der eigenen Haut verglichen werden. Vom „Trommel spielen", anstatt vom „Trommel schlagen" reden. Achtung: Trommelschlägel erst zu einem späteren Zeitpunkt einführen (siehe Disziplinprobleme, S. 120).
- An jedem Instrument das gesamte Klangspektrum entfalten und verschiedene Spieltechniken kennenlernen (soweit es das

jeweilige Instrument zuläßt, auch ungewöhnliche Spielweisen (zum Beispiel: Maracas unter die Arme klemmen und hüpfen oder den ganzen Oberkörper schütteln).

- Instrumente in all ihren Eigenschaften erfahrbar machen, deren Form, Farbe, Materialbeschaffenheit und Klangeigenschaft als Anregung für verschiedenste Übertragungsmöglichkeiten (zum Beispiel auch im bezug auf Körperformen, Symbole, Raumwege usw.) in Betracht ziehen.
- Kleine rhythmische Gestaltungen auf Instrumenten angepaßt an die Fähigkeiten der Kinder ermöglichen, um dadurch *Erfolgserlebnisse* im Umgang mit Instrumenten zu *sichern* (der Schwierigkeitsgrad sollte auf keinen Fall zu hoch angesetzt werden, aber trotzdem auch steigerbar sein!).
- Im Raum herumliegende Instrumente lenken ab. Immer dafür Sorge tragen, wo die Instrumente oder Geräte vor und nach ihrer Benutzung bereitliegen, bzw. wie man das Austeilen, Abgeben und Aufräumen am geschicktesten organisieren kann. (Zum Beispiel: Einen Karton bereitstellen, in den alle Kinder ihr Instrument/Gerät behutsam zurücklegen können. Oder: Am Ende eines Reifenspiels diese zu einem Reifenturm in der Ecke des Raumes aufbauen lassen. Oder: Instrumente oder Geräte innerhalb eines Spielverlaufs wieder einsammeln.)
- Geräte so einführen, daß als erstes das freie Spiel und Ausprobieren damit im Vordergrund stehen kann (und nicht direkt eine spezielle Übung o.ä. geplant ist). Die Spielerfahrungen, die die Kinder im Umgang mit Geräten bereits haben, sollten aufgegriffen und allmählich erweitert werden. Mehr als beim Spielen auf Instrumenten muß bei der Arbeit mit Geräten daran gedacht werden, daß diese durch Erfahrungen aus Turnverein oder Kindergarten mit Emotionen besetzt sein können.
- Es empfiehlt sich, mit dem Reifen zu beginnen. Eher als die anderen Geräte vermittelt der Reifen durch seine runde, geschlossene Form das Symbol der Sicherheit und Geborgenheit. Besonders in den ersten Rhythmikstunden können Reifenspiele eventuelle Unsicherheiten von seiten der Kinder gut auffangen (zum Beispiel im Wechsel von freier Bewegung im Raum und dem Sich-Zurückziehen ins „Reifenhaus“).

- Geräte können als Kontaktmittel dienen. Fast alle Übungen aus dem Bereich „Führen und Folgen" können mit Hilfe eines Gerätes als „Verbindungsstück" zwischen den Kindern verfeinert, verbessert, erleichtert oder variiert werden, genauso kann aber auch die ganze Gruppe von einem Gerät zusammengehalten werden (zum Beispiel: Ein Reifen als Karussell, an dem sich alle Kinder mit einer Hand festhalten und im Kreis laufen).
- Geräte können auch als Requisit verwendet werden bzw. im Rollenspiel als Bühnenbild o.ä. dienen (zum Beispiel: Reifen als Fahrstuhl, zwei in beiden Händen gehaltene Bälle als Apfelbaum usw.).
- Neue Bewegungserfahrungen, die im Zusammenhang mit Geräten entstehen, sollten stets auch *ohne* Gerät wiederholt werden, um das Bewußtsein für Bewegungsvorgänge bei den Kindern zu wecken.
- Geräte als Tastobjekte (zum Beispiel Seile) verwenden und ebenso die auditive Wahrnehmung über die Geräte (zum Beispiel ein sich drehender Reifen, dessen Geräusche immer lauter und immer schneller werden, bis er schließlich am Boden liegen bleibt) als Möglichkeit der vielfältigen Auseinandersetzung damit einbeziehen.

Im Umgang mit Geräten und Instrumenten vermitteln sich Kontaktfreude, Spielideen und Phantasieentfaltung nur dann, wenn die Kinder einerseits deren sorgfältige und behutsame Handhabung erlernen und andererseits die zahlreichen Möglichkeiten entdecken können, die die Übungen und Spiele mit Geräten und Instrumenten eröffnen.

d) Umgang mit Disziplinproblemen

- Wenn es ersichtlich erscheint, daß Unruhe und ablenkende Beschäftigungen aus Mangel an Aufmerksamkeit für das momentane Unterrichtsgeschehen entstanden sind, sollte die Aktionsform geändert werden (zum Beispiel durch das Einschieben von bewegungsbetonten, beruhigenden, Wahrnehmungsart wechselnden, Gruppenkonstellation verändernden o. ä. Aufgaben bzw. Spielanregungen).

- Wenn am Anfang einer Stunde Schwierigkeiten entstehen, die Gruppe zu sammeln und aufeinander einzustimmen, kann das Singen eines Liedes, das Einbringen eines Materials (Bild, Gegenstand, Gerät, Instrument usw.) oder das Aufmerksammachen auf ein Fingerspiel, welches für die Kinder spontan erfaßbar sein müßte, eine hilfreiche Motivationsstütze sein (siehe Übungssammlung Nr. 79, 118, 123 und 137).
- Wenn bei wiederholter Störung mit Provokation gerechnet werden muß und diese nicht länger ignoriert werden kann, sollte das entsprechende Kind im sachlichen Tonfall gezielt angesprochen werden. Ein deutlicher Hinweis auf die gemeinsamen Unterrichtsregeln (siehe Seite 118) kann allerdings nur dann die gewünschte Wirkung haben, wenn er vom Kind entsprechend eindringlich und ernstgemeint aufgefaßt werden kann. Reicht dies jedoch nicht aus, müssen ggf. Maßnahmen erfolgen, die den Fortgang der Rhythmikstunde ermöglichen (zum Beispiel die Aufforderung, den Unterricht für eine gewisse „Beruhigungszeit" vom Rand aus zu betrachten, damit die anderen nicht weiter gestört sind). Die im Teil 1, S. 83 geschilderte Maßnahme des „time-out", sollte erst dann in Betracht gezogen werden, wenn alle anderen Möglichkeiten wirkungslos geblieben sind. In jedem Fall ist es aber ratsam, angekündigte Maßnahmen auch wirklich zu ergreifen, wenn es nicht mehr anders geht. Aus diesem Grund sollten den Kindern, die ein provokatives Verhalten an den Tag legen, nur solche Konsequenzen bevorstehen, die sie als unmittelbare Gegenreaktion auf ihr Verhalten verstehen können. Dies führt nicht immer zur völligen Entspannung der gegebenen Problemsituation. Warum zum Beispiel sollte ein Kind, welches aufgrund seines unerwünschten Verhaltens auf den Zuschauerplatz verwiesen wurde, ausgerechnet dort still und ruhig sitzen bleiben? Hier dürften in den meisten Fällen weitere Erinnerungen an die vereinbarten Unterrichtsregeln von seiten des Lehrers nötig sein. Trotzdem aber kann eine solche Situation dem Kind (und auch den anderen Kindern) einsichtig machen, daß dieses Verhalten zu der Konsequenz geführt hat, am gemeinsamen Fortlauf des Unterrichts zeitweise nicht teil-

haben zu können. Die Sonderrolle, in die das Kind sich dadurch gebracht hat, ist auf die Dauer bestimmt nicht interessanter als das Mitwirken am Stundengeschehen, besonders dann nicht, wenn es das Gefühl bekommt, hierbei etwas Interessantes zu versäumen. Wird also die fortgesetzte Störung in einem solchen Fall gar nicht weiter beachtet, legt sich meistens auch der Drang zur Provokation wieder.

- Bei „aggressiven Ausbrüchen" ist sofortiges, notfalls handgreifliches Einlenken nötig, vor allem dann, wenn sich diese Ausbrüche gegen andere Kinder richten. Anschließend ist auch in solchen Situationen die Spannung keinesfalls gelöst. Über die Unterrichtsregel: „sich gegenseitig nicht weh zu tun" hinaus, sollten zusammen mit den Kindern Verhaltensalternativen gesucht werden. Zum Beispiel: „Was kann ich tun, wenn ich wütend bin?" (siehe Lied Nr. 151) o. ä. Da gerade in solchen Momenten starke Emotionen in Gang gebracht werden, ist ggf. das Angebot, „sich erst einmal eine Weile zu beruhigen", oft eine sinnvolle Maßnahme. Währenddessen sollte der Unterricht mit den anderen Kindern fortgesetzt werden. Schließt sich das außenstehende Kind nach einer gewissen Zeit nicht von selbst wieder der Gruppe an, sollten ausgehend von den Übungen, Spielen und Aufgaben der Rhythmikstunde Integrationsversuche initiiert werden. Besonders *geeignet erscheinen* hierzu alle *Übungen zur taktilen Wahrnehmung*, aber auch das Musikhören, Singen und Geschichtenerzählen. In einer Gruppe, bei der häufiger mit aggressiven Ausbrüchen gerechnet werden muß, könnte ein gut gewählter „Beruhigungsplatz" im Raum den Umgang mit solchen Situationen erleichtern.
- Im Zusammenhang mit dem Instrumentalspiel treten in vielen Fällen immer dann Probleme auf, wenn das Spiel mit Trommelschlägeln in den Unterricht einfließt. Besonders bei verhaltensauffälligen Kindern ist damit zu rechnen, daß ein solcher Schlägel schnell zu einem Schläger oder Stock umfunktioniert werden kann. Sollte dies trotz sorgfältiger Einführung (d. h., die Schlägel zuerst ertasten lassen/sich selber damit bespielen und dann erst das Instrument/von vornherein auf die korrekte Schlägelhaltung Wert legen) passieren,

wäre die wirksamste und direkteste Gegenmaßnahme wohl die Aufforderung zum Abliefern der Schlägel mit dem Hinweis, das Trommelspiel dann lieber mit den Händen zu üben, bis der Umgang mit den Schlägeln funktionsgerecht ausgeführt werden kann. Jeder Rhythmiklehrer wird hierzu eine eigene Toleranzschwelle für sich finden müssen, wie sehr seiner Meinung nach die Instrumente traktiert werden dürfen, ohne daß dabei ein Widerspruch zu Punkt c) ... „liebevoller" Umgang mit Instrumenten und Geräten" entsteht.

Die vorausgegangene Auflistung von Reaktionsmaßnahmen auf undiszipliniertes Verhalten von Kindern soll weniger ein „Rezeptvorschlag" als vielmehr eine Sammlung von Denkanstößen sein. Die geschilderten Beispiele beziehen sich auf erfahrungsgemäß immer wieder auftretende Problemsituationen, wie sie im Rhythmikunterricht entstehen können. Letztendlich liegt es in der persönlichen Auffassung und Ausstrahlung eines jeden Rhythmiklehrers, wie sich ein sinnvolles Maß an Verantwortungsbewußtsein und Konsequenzbereitschaft mit der gleichzeitigen Funktion, (Spiel)Partner der Kinder zu sein, verbinden läßt.

Gewiß muß eine große Bereitschaft vorhanden sein, auch selber in der Rolle als Lehrer Spannungen aushalten zu wollen und zu können, damit die Freude an der Arbeit mit den Kindern auch dann erhalten bleibt, wenn Probleme auftreten.

2.2 „Check"-Liste zur Planung von Rhythmikstunden mit verhaltensauffälligen Kindern

1. Fragen zur Gruppe

a) Neue Gruppe? – Fortsetzungsarbeit?
b) Gruppengröße
c) Wieviele Jungen und wieviele Mädchen sind in der Gruppe, und welcher Anteil überwiegt?
d) Alter der Kinder?

e) Besondere Probleme (zum Beispiel Verhaltensauffälligkeiten)?
f) Wie reagierten die Kinder bisher auf Bewegung?

2. Unterrichtsvoraussetzungen

a) Tageszeit / Uhrzeit: Wann soll die Rhythmikstunde stattfinden?
b) Aus welcher Situation kommen die Kinder zur Rhythmikstunde?
c) Wie lange soll die Rhythmikstunde dauern?
d) Welche Zeiteinteilungen während der Stunde müssen eingeplant werden (wie lange können sich die Kinder auf eine Sache konzentrieren)?
e) Wie ist der Unterrichtsraum beschaffen (Boden / Licht / Temperatur / Akustik / Größe / vorhandenes Material / Einrichtung)?
f) Wieviel Platz ist für Bewegung vorhanden?
g) Auf welche Hindernisse oder Ablenkungsfaktoren im Raum muß geachtet werden (zum Beispiel Stufe / Säule/unübersichtliche Nischen / Klettergerüst / Klavier usw.)?
h) Welche sonstigen Raummerkmale müssen beachtet werden? (Zum Beispiel: Der Raum ist eigentlich zu groß und zu hallig – womit kann Geborgenheit darin hergestellt werden? Oder: Der Raum wird sonst als Turnhalle benutzt und wird von seiten der Kinder mit entsprechender Erwartungshaltung betreten – wie kann dieser Erwartungshaltung begegnet werden?)

3. Fragen zum Stundeninhalt

a) Welche Thematik ist in der vergangenen Zeit behandelt worden?
b) Lag der Schwerpunkt der Arbeit bisher mehr in der Bewegung, in der musikalischen Arbeit? Wie waren soziale Aspekte inhaltlich thematisiert?
c) Was ist dementsprechend nun an der Reihe? – Was brauchen die Kinder am meisten?
d) Welche aktuellen Gegebenheiten sollten berücksichtigt werden (spezielle Probleme der Kinder / Jahreszeiten / Feste / Veränderungssituationen der Kinder, zum Beispiel Einschulung o. ä.)?

4. Gedanken zur „Themenstellung mit sozialem Schwerpunkt"

a) Welches der folgenden Themenpaare sollte in der Gruppe vorrangig behandelt werden? Welche Themenfolge könnte man sich für die Gruppe vorausblickend vorstellen?
b) Stichwortpaare zur Anregung: Kontakt + Isolation, Geben + Nehmen, Lachen + Weinen, Laut + Leise, Können + Wollen, Ausweichen + Standhalten, Ganz + Halb, Behutsamkeit + Gewalt, Stärke + Schwäche, Ernsthaftigkeit + Albernheit, Anpassung + Originalität, Freude + Trauer, Neiden + Gönnen, Freund + Feind, Macht + Ohnmacht, Sicherheit + Risiko (Neugierde)... u. v. m.
c) Anregungen finden sich auch in der Übungssammlung unter Nr. 135.

5. Planungsfragen zur Entwicklung der Stundenverläufe

a) Angenommen, das neu gewählte Thema heißt: Kontakt. Wie kann dieser Themenschwerpunkt in einer Rhythmikstunde abwechslungsreich und sinnvoll behandelt werden?

- Welche spontanen Ideen zum Themenstichwort können aufgeschrieben werden, und welche freien Assoziationen können sonst noch damit verbunden werden?
- Gibt es Kinderlieder, die zur Thematik passen?
- Welche Wahrnehmungsübungen können dazu einfließen?
- Welches Musikbeispiel könnte mit dem Stundenthema in Verbindung gebracht werden? / Welche Bewegungsanregungen könnten dazu gegeben werden? / Welche Hilfen könnten die Aufmerksamkeit der Kinder beim Hören des Musikbeispiels unterstützen?
- Welche Bewegungsspiele, -übungen, -aufgaben könnten dazu einfließen?
- Gibt es geeignete Verse oder Gedichte, die im Zusammenhang mit dem gewählten Thema aufgegriffen werden könnten?
- Mit welcher Geschichte oder kindgerechten Vorstellung könnte die Thematik verknüpft werden? (Zum Beispiel Übertragung auf Tiere, die etwas Bestimmtes erleben o. ä.)

- Welches Bilderbuch könnte zum Stundenthema passen? Was könnten für Rollenspiele daraus entwickelt werden?
- Mit welchem Material, Gerät oder Instrument könnte in der Stunde gearbeitet werden?
- Gibt es Bilder, Fotos oder passende Gegenstände, mit denen der Inhaltsschwerpunkt der Stunde zusätzlich verdeutlicht werden kann?
- Welche Malanregungen könnten zur Unterrichtsthematik gegeben werden?

b) Sind in der Ideensammlung zur Stunde alle möglichen Arbeitsbereiche berücksichtigt? / An welcher Stelle fehlen noch geeignete Anregungen?
c) Woher könnten weiter Anregungen geholt werden? (Zum Beispiel Übungssammlungen, Spielebücher, Geschichten, Bilderbücher, Märchen usw.)

6. Fragen zur Auswahl der gesammelten Ideen

a) Welche der gesammelten Ideen entsprechen der Grobzielsetzung für die Gruppe und für jedes einzelne Kind am direktesten?
b) Lassen sich die ausgewählten Ideen mit den momentanen Interessen der Kinder verbinden?
c) Können die gewählten Aufgaben, Spiele und Übungen den Kindern Hilfen zur positiven Entwicklung des Verhaltens bieten? / Dient die Auseinandersetzung mit der Thematik der Erfahrungsbereicherung der Kinder? / Gewährleistet die Übungsauswahl ein ausreichendes Maß an Spielfreude, Spaß, Spannung, Freiraum und Gemeinsamkeitserlebnis?
d) Ist anhand der ausgewählten Ideen für die Stunde eine gute Unterrichtsdynamik zu erwarten? / Ist die Abwechslung der Aufgaben, Spiele und Übungen nach den Gesichtspunkten: Ruhe – Bewegung / Aktion – Konzentration / Eingrenzung – Freiraum / Gruppen – Partner – Einzelarbeit / alternierende Wahrnehmungsebenen / alternierende Aktionsformen durchdacht worden?
e) Welche emotional-psychologischen Zusammenhänge zur Situation der Kinder könnten durch die ausgesuchten Stundeninhalte

entstehen? Ist dies beabsichtigt? Wie könnte damit umgegangen werden?

f) Bieten sich im geplanten Stundenablauf Möglichkeiten an, einzelne Kinder mit besonderen Aufgaben oder Funktionen zu fördern?

g) Sind die vorbereiteten Aufgaben, Spiele und Übungen von allen Kindern zu bewältigen? / An welchen Stellen werden einzelne Kinder voraussichtlich Mühe haben, über- oder unterfordert sein? / Mit welchen Hilfen und Alternativen könnte dem begegnet werden?

h) Welche kleine Gestaltung könnte sich spielerisch und ohne Leistungsdruck aus den verschiedenen Aktionsformen entwickeln lassen? (Zum Beispiel ein Lied, ein einfacher Rhythmus auf Instrumenten, ein kleiner Bewegungsablauf, ein musikalisches Rollenspiel o. ä.)

7. Organisatorisches während der Rhythmikstunde

a) Was muß vor Beginn der Unterrichtsstunde organisiert werden?

b) Welche Materialien werden während der Stunde benutzt? Wo liegen diese bereit? Wie können sie ausgeteilt und wieder eingesammelt werden, ohne daß es Streit gibt? Gibt es eine Möglichkeit, diese Organisation in den Spielablauf miteinzubinden?

c) Welche Organisationsmaßnahmen können die Kinder mitübernehmen, ohne daß sich dies negativ auf die Unterrichtsdynamik auswirkt (z. B. das Auswählen, Auszählen, Ordnen oder Austeilen bestimmter Materialien.)?

d) Welche Organisationsmaßnahmen könnten ggf. auch vereinfacht werden oder u. U. sogar entfallen? (Zum Beispiel läßt sich das Austeilen von Bildkärtchen, die zu bestimmten Bewegungsdarstellungen anregen sollen, auch dadurch ersetzen, daß man sich einfach etwas „ins Ohr flüstert".)

8. Fragen zum Lehrerverhalten in der Rhythmikstunde

a) Was sollte man selbst vor der Stunde noch einmal üben oder ausprobieren? Können alle Aufgaben kurz und klar formuliert und trotzdem verbal anregend an die Kinder vermittelt werden?

b) Gibt es Verhaltensweisen, die man bei sich selber noch verändern, verbessern oder ausschalten möchte? (Zum Beispiel gewisse Redensarten, Nachlässigkeiten im eigenen Bewegungsverhalten o. ä.)
c) Welchem Kind hat man ggf. bisher am wenigsten Aufmerksamkeit geschenkt?

2.3 „Check"-Liste für die Nachbereitung einer Rhythmikstunde

a) In Gedanken die Namen aller Kinder der Gruppe aufzählen und darüber nachdenken, warum die Reihenfolge der Namen so und nicht anders zustande kam.
b) Sich spontan erinnern, welche Situation der Stunde am deutlichsten im Gedächtnis ist, und deren genauen Zusammenhang hinterfragen:

- Wie ist die Situation zustande gekommen?
- Wer war daran beteiligt?
- Was wirkte für/auf wen in dieser Situation bestärkend und warum?
- Welche Auslösungsfaktoren könnten eine Rolle gespielt haben?
- Wie hätte man anders mit dieser Gegebenheit umgehen können?
- Sind diesbezüglich Konsequenzen sofort oder für die Planung der nächsten Stunde notwendig?

c) Den Stundenverlauf von Anfang bis Ende überdenken. Wo gab es Abweichungen von der urprünglichen Planung, und weshalb waren sie erforderlich? Zum Beispiel:

- Weil die Stundenthematik für die Kinder doch nicht so ansprechend war, wie vermutet, bzw. weil die Kinder sich etwas ganz anderes dazu vorgestellt hatten;
- weil die eigenen Aufgabenformulierungen zu kompliziert, nüchtern, undynamisch oder unmusikalisch waren;
- weil die Aufmerksamkeitsfähigkeit einzelner Kinder zu oft über- oder unterfordert war;

- weil andere Gegebenheiten (zum Beispiel das Wetter, Veränderungen im Raum o. ä.) ablenkend gewirkt haben;
- weil einzelne Kinder unerwartete Probleme mit bestimmten Anforderungen hatten;
- weil organisatorische Maßnahmen nicht gründlich genug bedacht waren, bzw. umgestellt werden mußten (zum Beispiel: Ein bestimmtes Gerät war wider Erwarten nicht vorhanden und mußte durch ein anderes Instrument, welches weniger geeignet war, ersetzt werden.);
- weil die Stunde von vornherein verzögert und ohne rechte Sammlung begann;
- weil es vor oder während der Stunde Konflikte gegeben hatte, die in die Thematik hineinwirkten und nicht genügend bereinigt werden konnten;
- weil die zeitliche Planung falsch bemessen war;
- weil die eigenen Reaktionen auf die Kinder die ganze Stunde über zu unsicher, ungeduldig, starr, unstetig, inkonsequent, bevormundend, ungerecht oder von persönlichen Problemen zu stark beeinflußt waren.

d) Im nachhinein darüber reflektieren, welche positiven oder negativen Reaktionen einzelner Kinder sehr überraschend waren. (Dies ggf. auch im Gespräch mit Teamkollegen aufgreifen.)

e) Sich die Frage stellen, ob und wie die begonnene Thematik für die spezielle Gruppe und jedes einzelne Kind fortgesetzt werden kann:

- Was kam in der vergangenen Stunde noch zu kurz?
- Gibt es wichtige Aspekte, die das Thema ganz vermissen läßt? (Welche?)
- Konnten alle Kinder der vorgeschlagenen Stundenthematik folgen, oder tendierten sie in andere Richtungen? (Warum?)
- Welche Veränderungen, Ergänzungen, Erweiterungen, Hilfen usw. sind notwendig?

f) Schon jetzt sollte eine inhaltliche Grobplanung für die nächste Stunde der schriftlichen Nachbereitung hinzugefügt werden.

3 Übungssammlung

Vorbemerkung

Die folgende Übungssammlung ist geordnet nach:

Einzelübungen (ICH)
Partnerübungen (DU + ICH)
Gruppenübungen (WIR)

Dabei sind neben verschiedensten Übungsanregungen folgende Schwerpunkte in den einzelnen Kategorien berücksichtigt worden:
ICH = viele Übungen zur Wahrnehmungsschulung;
DU + ICH = viele Übungen zum Thema „Führen und Folgen";
WIR = viele Bewegungsspiele und Rollenspielanregungen.

Bei der Stundenplanung mit Hilfe dieser Übungssammlung sollte von einem Schwerpunktthema ausgegangen werden (siehe S. 125 f. unter: Check-Liste zur Planung von Rhythmikstunden mit verhaltensauffälligen Kindern), zu dem dann inhaltlich zusammenpassende Übungen ausgesucht werden können (zum Beispiel Schwerpunktthema der Stunde: „Kontraste", mit den Übungen Nr. 34, 65 und 81).

Oft lassen sich die Übungen, Spiele und Aufgaben auch mit anderen Vorstellungshilfen als angegeben verwenden. Hauptsache ist, daß die Anregungen den Kindern nicht abstrakt und zusammenhanglos vermittelt werden.

Die Dauer jeder Aufgabe ist unterschiedlich (jedoch meistens kürzer als man denkt), deshalb sollte besonders bei den ICH-Übungen daran gedacht werden, daß die Kinder nie gleichzeitig fertig sind; Aufgabenerweiterungen, Alternativen und Varianten müssen immer gründlich mitgeplant sein. Ebenso gilt es bei allen Partnerübungen zu bedenken, wann man nur einzelne Kinderpaare agieren lassen kann und was die anderen Kinder in dieser Zeit tun könnten.

Die Verse in der Übungssammlung und die Lieder am Ende der Sammlung stammen zum größten Teil aus dem Rhythmikunterricht an der Staatlichen Hochschule für Musik Trossingen und sind von folgenden Studenten, Absolventen, Lehrern und Lehrerinnen entwickelt worden:
Christine Schäfer, Frank Bockius, Heidi Mammel, Renate Klöppel, Karl Koch, Sabine Vliex, Ulrike Hanusch, Sabine Vollmar, Beate Böhm, Susanne Kittel, Kerstin Lengefeld und Gisela Baun.

Übungssammlung: ICH

1

ICH

Übungsschwerpunkte: Auditive Wahrnehmung
Konzentration

Wie lange klingt es?

▶ Eine Triangel wird angespielt. Jedes Kind soll die Augen solange geschlossen halten, bis der Klang vorbei ist.
Varianten/Alternativen: Verschiedene langklingende Instrumente, z. B. Becken, Gong, Zimbel.
Verschiedene Bewegungsreaktionen ausdenken, z. B.:
„Wenn der Klang vorbei ist, leise aufstehen."
„Wenn der nächste Klang vorbei ist, die Arme verschränken" usw.
Das jeweilige Instrument von einem Kind anschlagen lassen.
Klänge auch aufmalen (z. B. mit der Vorstellungshilfe „der Ton hinterließe Spuren").
Material: Triangel, Becken, Gong, Zimbel, evt. Malutensilien

2

ICH

Übungsschwerpunkte: Auditive Wahrnehmung
Transferleistung (Ohr – Bewegung)
Selbstvertrauen

Hören und Handeln:

Vorbereitung: Gespräche über Berufe und charakteristische Tätigkeiten führen.
▶ Geräusche vom Band abspielen (z. B. Sägen, Tippen, Telefonieren, Hämmern, Wischen, Fegen, Schalten, Reiben, Rühren usw.). Jedes Kind soll ein Geräusch anhören und die entsprechende Bewegung dazu machen, sobald es erkannt hat, um welches Geräusch es sich handelt.
Varianten / Alternativen: Requisiten passend dazu bereithalten, z. B.: Besen, Schreibmaschine, Rührschüssel usw., und die erkannten Geräusche konkret nachahmen lassen.
Bemerkung: Das Nachahmen der Bewegung sollte an einem besonderen Platz im Raum deutlich für alle zuschauenden Kinder stattfinden. Für ältere Kinder auch Geräuschkombinationen anbieten.
Material: Cassette mit Geräuschaufnahmen. Requisiten zum Geräuschemachen.

3

ICH

Übungsschwerpunkte: Auditive Wahrnehmung
Sensibilisierung
Körpererfahrung
Konzentration

Sich selbst hören

▶ Ohren zuhalten, tief durchatmen und auf das Atemgeräusch achten. Danach auch andere Geräusche erzeugen, z. B.: Hecheln, Zischen, Schlucken, Husten, Zähneklappern und Lippenflattern. Diese Körpergeräusche auch mit nicht zugehaltenen Ohren hören. Unterschiede benennen.
Varianten/Alternativen: Instrumente mit ähnlichen Klängen hören. Ähnliche Geräusche von Band hören und wiedererkennen.
Bemerkung: Übung am besten zu Beginn einer Rhythmikstunde durchführen und die Aufmerksamkeit der Kinder nicht überfordern. Bei Albernheit unmittelbar mit den Vorschlägen unter Varianten/Alternativen fortfahren.
Material: Cassettenaufnahme mit Körpergeräuschen, Cassettenrecorder, Instrumente

4

ICH

Übungsschwerpunkte: Auditive Wahrnehmung
Konzentration
Disziplin

Draußen und drinnen!

▶ Ganz still sein und auf die Geräusche achten, die draußen zu hören sind. Gespräche über die Höreindrücke führen. Danach wieder ganz still sein und Geräuschen lauschen, die drinnen zu hören sind (Uhr, Neonbeleuchtung, Atemgeräusche ...).
Varianten/Alternativen: Gruppenleiter erzeugt Reibe- oder Klopfgeräusche im Zimmer, die erkannt werden müssen. Kinder halten dabei die Augen geschlossen.
Bemerkung: Die Kinder, denen es nur für kurze Zeit gelingt, still zu sein, könnten im Verlauf der Übung die Rolle des „Geräuschemachers“ übernehmen.
Material: kein Material; evtl. eine tickende Uhr vorher im Raum aufstellen.

5

ICH

Übungsschwerpunkte: Auditive Wahrnehmung
Orientierung

Hinhören und wieder finden

Vorbereitung: Augen schließen und über das Hören erraten, um was es sich handelt:
– einen Ball auf den Boden aufprellen;
– einen Reifen aufstellen und drehen.
Erst dann die Augen öffnen, wenn das Geräusch aufgehört hat.
▶ Danach stellt ein Kind sich mit geschlossenen Augen in die Mitte des Raumes und läßt einen Ball fallen bzw. rollt einen Reifen von sich weg. Der Weg des Balles bzw. des Reifens soll über das Hören nachvollzogen werden, so daß anschließend (wenn kein Geräusch mehr zu hören ist) Ball oder Reifen mit geschlossenen Augen wiedergefunden werden können.
Bemerkung: Nur in Räumen ohne Wollteppichboden möglich.
Material: Ball, Reifen

6

ICH

Übungsschwerpunkte: Auditive Wahrnehmung
Orientierung

Geräuschparcours

▶ Ein Kind bekommt die Augen verbunden. Danach werden 2 bis 3 Geräuschquellen (Spieluhr, Metronom) im Raum verteilt. Das Kind soll nun versuchen, zuerst zum Metronom, dann zur Spieluhr und evt. als drittes zum leise eingeschalteten Cassettenrecorder zu gehen.
Varianten/Alternativen: Die Geräuschquellen von 2 bis 3 Kindern mit verschiedenen Instrumenten darstellen lassen.
Bemerkung: Die Reihenfolge der aufzusuchenden Geräuschquellen muß nicht sofort vorgegeben werden. Dies kann zunächst auch von den jeweiligen Kindern selbst bestimmt werden und später als Erweiterung der Aufgabe dienen.
Material: Spieluhr, Wecker, Metronom, Cassettenrecorder, verschiedene Instrumente

7

ICH

Übungsschwerpunkte:	
	Auditive Wahrnehmung
	Ruhe und Konzentration
	Einfühlungsvermögen
	Phantasie
	Transferleistung (Hören – Bewegung)

Geeignete Hörbeispiele

▶ **Zum Thema Tiere in der Musik:**	**Mögliche Vorstellungsbilder**
– „Der Hummelflug“, R. Korsakow	Insekten
– „Der Carneval der Tiere“, C. Saint-Saens	verschiedene Tierarten
– „Duett des Papageno und der Papagena“ Im Finale der Zauberflöte, W. A. Mozart	Papagei
– „Szene am Bach“ aus Sinfonie Nr. 6, L.v.Beethoven	Kuckuck und Nachtigall
– Kindersinfonie, 1. Satz, J. Haydn	Kuckuck
– „Ant steps on an elephant's toe“ A. Mangelsdorf (Jazzposaune)	Elefant
– „Ebony Concerto“, 2. Satz, I. Strawinsky	Kamele
– „Static and Ecstatic“, 1. Stück, E. Krenek	Schlange und Frosch
– „Peter und der Wolf“, S. Prokoview	Vogel, Katze, Ente, Wolf

8

ICH

Übungsschwerpunkte:	
	Auditive Wahrnehmung
	Ruhe und Konzentration
	Einfühlungsvermögen
	Phantasie
	Transferleistung (Hören – Bewegung)

Geeignete Hörbeispiele

▶ **Zum Thema Natur in der Musik**

- „Die vier Jahreszeiten“, A. Vivaldi
- „Gewitter“ aus der Sinfonie Nr. 6, L. v. Beethoven
- „Morgenstimmung“ aus „Peer Gynt Suite“, E. Grieg
- „Die Moldau“, F. Smetana
- „Alpensinfonie“, R. Strauss
- „Musikalische Schlittenfahrt“, L. Mozart
- „An der schönen blauen Donau“, J. Strauß

▶ **Was man sich zu Musik vorstellen kann:**	Mögliche Vorstellungsbilder
– „Conversation junior“, Vocal Summit	z. B. „wütender Zwerg“
– „Zulu meeting“, S. Fink	z. B. „Im Spielzeugladen“
– „Symphonische Fresken“, K. Serocki	z. B. „Im Urwald“
– „Paint Pot“ Chaterine, Escoude, Loockwod Trio (Guitar, Guitar, Violin)	„Hektik in der Malerwerkstatt“

9

ICH

Übungsschwerpunkte: Auditive Wahrnehmung
Ruhe und Konzentration
Einfühlungsvermögen
Phantasie
Transferleistung (Hören – Bewegung)

Geeignete Hörbeispiele

▶ **Etwas genau aus der Musik heraushören:**

– „Sinfonie mit Paukenschlag", J. Haydn:	„Den Paukenschlag"
– „Ein Amerikaner in Paris", G. Gershwin:	„Die Hupe"
– „Interludium aus der Sinfonie für Jazzband und Sinfonieorchester", R. Liebermann:	„Die Akzente"
– „Die Ruinen von Athen", Türkischer Marsch, L.v.Beethoven:	„Das Instr. Triangel"
– „Analogias" 2. Stück, L. Ballada:	„Die ‚Kaugummitöne'"

▶ **Musik für Kinder**

„Abenteuer einer Kapelle", I. Hurnik
„Piccolo & Sax & Co", A. Popp, Philips
„Fritz"; „Im wilden Westen", M.Bamert, Emi

10

ICH

Übungsschwerpunkte: Fortbewegungsarten erfinden, eigene Bewegungsideen vormachen können, Bewegungsbeobachtung, Bewegungsrepertoire erweitern

Ich rufe Stop!

Vorbereitung: Wie kann man vom Fleck kommen außer im Gehen? Spielleiter und Kinder bezeichnen verschiedene Forbewegungsarten: hüpfen, schlurfen, rollen, stolpern usw.

▶ Alle gehen im Raum umher. Sobald ein Kind ‚Stop' ruft, müssen alle stehenbleiben und schauen, welche neue Fortbewegungsart der „Stoprufer" nun als nächstes vorgibt. Alle machen es nach, bis der nächste Stopruf erönt.

Bemerkung: Auch Fortbewegungsarten am Boden einbringen und auch solche, die man sprachlich nicht unbedingt benennen können muß. Später können die Fortbewegungsarten auch von Musikabschnitten (Musikcollage aufnehmen oder selber spielen) angeregt werden.

Material: Evtl. Musikcollage

11

ICH

Übungsschwerpunkte: Taktile Wahrnehmung
Bewegungsausdruck

Plätzchenformen tasten

▶ Verschiedene Ausstechformen zum Plätzchenbacken (Stern, Herz, Tannenbaum usw.) mit den Fingern ertasten und in entsprechenden Körperhaltungen nachstellen.
Varianten/Alternativen: Die ertasteten Formen nachmalen.
Bemerkung: Die Grundübung müßte von jedem Kind einzeln durchgeführt werden (die anderen Kinder als Zuschauer), wogegen die Variante auch im parallelen Ablauf nebeneinander organisierbar ist.
Material: Backförmchen, evt. Stoffsäckchen, in die man die Förmchen hineinlegen kann, Malutensilien

12

ICH

Übungsschwerpunkte: Taktile Wahrnehmung
Schulung der Feinmotorik
Konzentration

Streichholzstadt

▶ Auf Pappkärtchen sind aus Streichhölzern verschiedene Motive, die etwas mit „Stadt“ zu tun haben (Haus, Baum, Zaun usw.), aufgeklebt. Jedes Kind soll mit Streichhölzern das, was es ertastet hat, nachlegen.
Varianten/Alternativen: Mit den restlichen Streichhölzern das Bild vervollständigen
Material: vorbereitete Pappkärtchen mit aufgeklebten Streichhölzern, Streichhölzer zum Nachlegen

13

ICH

Übungsschwerpunkte: Taktile Wahrnehmung
Transferleitung (Tasten – Bewegen)
Raumorientierung

Straßenkarte für Blinde

Vorbereitung: Mit den Kindern ein Gespräch über blinde Menschen führen. Notwendigkeit des genauen Hörens und Tastens verständlich und nachvollziehbar machen.

▶ Kinder erhalten Kärtchen, in die mit einer Nadel bestimmte Raumwege und -formen hineingestochen worden sind. Entlang der Perforierung können die Kinder mit den Fingerkuppen abtasten, welche Wege und Formen dargestellt sind. Danach sollen diese nachgemalt werden.

Bemerkung: Das Nachgehen der Wege sollte einzeln erfolgen. Dazu als Hilfe die Start- und Zielpunkte im Raum markieren. Nach Ablauf der Übung die Kärtchen gemeinsam betrachten.

Material: perforierte Pappkärtchen

14

ICH

Übungsschwerpunkte: Konzentration
Sensibilisierung
Experimentierfreude

Knetfiguren

▶ Es wird jedem Kind Knetmasse zum freien Gestalten zur Verfügung gestellt. Entstandene Knetfiguren werden anschließend von jedem Kind vorgestellt.

Varianten/Alternativen: Die eigene Knetfigur auch im Vergleich mit anderen Knetfiguren über das Tasten wiedererkennen.

Bemerkung: Freie Gestaltung möglichst am Ende einer Stunde.

Material: Knetmasse

15

ICH

Übungsschwerpunkte: Taktile Wahnehmung
Konzentration

Knetformen abtasten

▶ Einfache Formen wie Ring, Kugel, Zylinder, Pyramide usw. mit geschlossenen Augen abtasten und mit einem anderen Stück Knetmasse nachkneten.
Varianten/Alternativen: Als Vorlage (Modell) Bauklötze aus Holz verwenden.
Bemerkung: Diese Übung sollte erst dann durchgeführt werden, wenn die Kinder schon Gelegenheit hatten, im freien Umfang mit dem Knetmaterial zu hantieren.
Material: Knetmasse, Bauklötze

16

ICH

Übungsschwerpunkte: Taktile Wahrnehmung
Konzentration
Auditive Wahrnehmung

Schlägel fühlen

▶ Die Kinder halten die Augen geschlossen. Der Leiter streicht mit verschiedenen Schlägeln aus Woll-, Filz-, Holz- und Gummibespannung über die Handflächen der Kinder. Danach soll das jeweilige Material erraten werden.
Varianten/Alternativen: Die Materialien auch mit anderen Körperteilen (Füßen, Wangen, Unterarmen usw. erfühlen.) Die verschiedenen Schlägelarten dann auch über den Klang erkennen (z.B. am Metallophon): „Mit welchem Schlägel wurde gespielt?“
Material: Woll-, Filz-, Holz- und Gummischlägel, Metallophon

17

ICH

Übungsschwerpunkte: Taktile Wahrnehmung
Sensibilisierung für den Krafteinsatz

Wie schwer ist der Stein?

▶ Verschiedene Steine liegen verteilt im Raum. Jedes Kind trägt einen Stein in den Sitzkreis und spürt dabei dessen Gewicht und Form. Mit geschlossenen Augen und ausgestreckten Händen soll jedes Kind nun seinen Stein im Vergleich zu einem anderen Stein tastend wiedererkennen (d. h. hintereinander 2 Steine abtasten und den eigenen erkennen).

Varianten/Alternativen: Gegebenenfalls jedes Kind mehrmals vergleichen lassen. Der „fremde Stein" könnte von den anderen Kindern ausgewählt werden.

Bemerkung: In der vorhergehenden Stunde können die Kinder dazu aufgefordert werden, zum nächsten Mal einen schönen Stein mitzubringen.

Material: Steine (verschiedene Größen und Formen)

18

ICH

Übungsschwerpunkte: Taktile Wahrnehmung
Konzentration
Transferleistung (Tasten – Singen/Summen)

Wann kommt der Knoten?

▶ Die Kinder halten die Augen geschlossen. Ihnen wird vom Leiter ein Wollfaden in die Hände gegeben, der an unterschiedlichen Stellen Knoten hat. Diesen Faden sollen die Kinder durch die Finger gleiten lassen und herausfinden, wie viele Knoten im Faden sind. Danach dürfen die Augen geöffnet werden. Wenn jeder Faden unterschiedlich viele Knoten hat, könnte die Übung mehrmals wiederholt werden; die Fäden austauschen.

Varianten/Alternativen: Einzelne Kinder während des Tastvorgangs mitsummen lassen, wobei bei jedem Knoten ein deutlicher Stimmakzent gesetzt werden sollte, z. B.

mm mm mm mm mm hep m mm mm hep m hep mm mm mm mm hep

Material: Wollfäden mit Knoten

19

ICH — Übungsschwerpunkte: Visuelle Wahrnehmung, Konzentration

Welche Triangelsymbole sind gleich?

► Jedes Kind erhält vorbereitete Symbolkärtchen, von denen je zwei genau zusammenpassen. Die Paare sollen richtig zugeordnet werden:

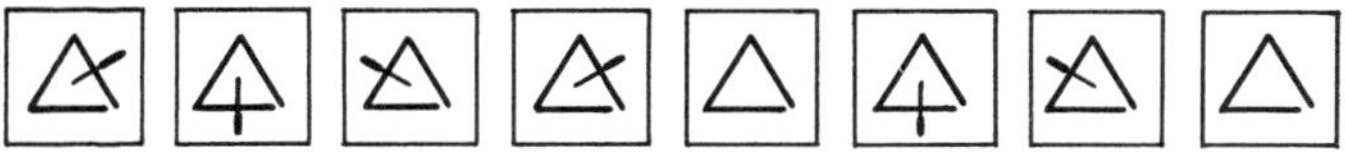

Bemerkung: Die Anzahl der zu unterscheidenden Symbole dem Konzentrationsvermögen der Kinder anpassen; ebenso mit dem Schwierigkeitsgrad verfahren.
Material: selbst angefertigte Symbolkärtchen (siehe oben)

20

ICH — Übungsschwerpunkte: Visuelle Wahrnehmung, Konzentration

Wo überall haben sich die Dreiecke versteckt?

► Auf vorbereiteten Zeichnungen (Bildkärtchen) sollen Dreiecke erkannt werden z. B.

Danach selbst ein Bild mit Dreiecken malen.
Bemerkung: Im Zusammenhang mit dieser Übung sollte das Instrument Triangel eine Rolle spielen.
Material: Bildkärtchen (selber machen) mit versteckten Dreiecken, Malutensilien

21

ICH

Übungsschwerpunkte: Visuelle Wahrnehmung
Gedächtnistraining

Was fehlt?

▶ Auf dem Boden liegt ein Muster aus Hölzchen oder Claves. Jedes Kind soll das Muster genau betrachten und sich einprägen. Auch die Anzahl der Hölzchen kann abgezählt werden. Dann schließt ein Kind die Augen, und ein Hölzchen wird weggenommen. Augen auf! Was fehlt?

Varianten/Alternativen: Evt. zunächst auch nur bestimmen lassen, *wo* etwas fehlt. Später die Übung erweitern, indem ein Hölzchen verändert wird. „Was ist nun anders als vorher?"

Bemerkung: Den Kindern ein Erfolgserlebnis sichern und die Anzahl der Hölzchen individuell auf jedes Kind einstellen.

Material: Hölzchen oder Claves

22

ICH

Übungsschwerpunkte: Konzentration
Visuelle Wahrnehmung

Passende Paare

Vorbereitung: Eine Tierzeichnung o.ä. (schwarz-weiß) wird vielfach abkopiert (10 bis 20 mal). Dann werden mit Buntsift kleine Details immer an zwei Bilder gleich eingezeichnet, z. B.: die Augen braun malen, oder: den Hintergrund des Bildes mit einer Farbe ausmalen usw. Auf diese Weise „passende Paare" herstellen und zu gleichgroßen Kärtchen ausschneiden.

▶ Zuerst liegen die Bildkärtchen verteilt am Boden und sollen zu Paaren zusammengelegt werden. Dann stellt jedes Kind 2 Hocker weit voneinander entfernt im Raum auf: Auf Hocker Ⓐ liegt die eine Hälfte des Kärtchens verdeckt, auf Hocker Ⓑ die andere Hälfte sichtbar. Es beginnt an Hocker Ⓐ. Eine Karte wird in die Hand genommen und 3 Sek. (bis 3 zählen) angeschaut. Danach gilt es vom anderen Hocker schnell die passende Karte dazuzuholen. Wenn dies stimmt, kann das Paar zur Seite oder unter den Hocker gelegt werden, wenn nicht: noch einmal genau hinschauen und den Vorgang wiederholen, bis alle passenden Paare zusammenliegen.

Varianten/Alternativen: Den Weg dazwischen mit Hindernissen (z. B. ein Hocker, der überklettert werden muß) erschweren.

Bemerkung: Fotokopien mit gleichen Abb., Buntstifte, ggf. Schere

23

ICH

Übungsschwerpunkte: Olfaktorische Wahrnehmung
Konzentration

Riechsuchen

Vorbereitung: Eine Geschichte vom Indianervolk erzählen, deren Kenntnis über verschiedene Heilkräuter groß war. In dieser Geschichte könnte sich z. B. ein kleines Indianerkind auf die Suche nach einem bestimmten Heilkraut für die kranke Großmutter machen …

▶ Schälchen mit Kräutern (Rosmarin, Paprika, Baldrian usw.) werden im Raum verteilt aufgestellt. Im Sitzkreis stehen auf einem Tablett dieselben Kräuter zum Riechen zur Verfügung. Jedes Kind soll einzeln zunächst einen der Gerüche im Sitzkreis wahrnehmen und diesen dann unter den im Raum verteilten Schälchen wiederfinden.

Varianten/Alternativen: Auch als „Geruchsmemory" im Sitzkreis möglich.

Bemerkung: Teeschälchen, Kräuter

24

ICH 

Übungsschwerpunkte: Geschmacksdifferenzierung
Abwarten – Disziplin

Der leckere Apfel (Schmeckübung)

Vorbereitungsgeschichte: Ein Mann hatte einmal einen Apfel von einem fahrenden Obsthändler bekommen. Dieser Apfel schmeckte so gut, daß er gerne einen ganzen Korb davon gehabt hätte, aber leider kam der fahrende Obsthändler nur sehr selten durch seine Straße. So ging der Mann ins Obstgeschäft und probierte dort viele Apfelsorten. Er schloß sogar die Augen, damit er beim Schmecken nicht abgelenkt wurde. Und siehe da, nach einigen Kostproben fand er seine Lieblingsapfelsorte heraus, kaufte einen Korb davon und ging zufrieden nach Hause.

▶ Jedes Kind bekommt ein Stück Apfel zur Kostprobe. Danach werden jedem der Reihe nach die Augen verbunden, um so ein weiteres Stück Obst zu kosten. Es soll herausgeschmeckt werden, ob dies die gleiche Apfelsorte ist oder anderes Obst. Wie schmeckt es? Was ist es?

Varianten/Alternativen: Die „geschmeckten Obstsorten" aufmalen.

Bemerkung: Vorab ggf. mitteilen, welche Obstsorten im Vergleich miteinander stehen, damit keine Angst entsteht, etwas „völlig Fremdes" in den Mund zu nehmen.

Material: verschiedene Sorten Obst in kleinen Stücken, Augenbinde, Malutensilien

25

ICH

Übungsschwerpunkte: Einfühlungsvermögen
Transferleistung (Sehen – Bewegungstempo)

Wie eilig hat es der Herr auf dem Foto?

▶ Vorbereitete Fotokärtchen mit Abbildungen von Personen in Bewegung (aus Illustrierten ausgeschnitten) liegen verdeckt am Boden. Jedes Kind deckt der Reihe nach eines der Fotokärtchen um und soll die abgebildeten Bewegungshandlung (Gehen, Dirigieren, Handwerken usw.) und das daraus ableitbare Bewegungstempo nachahmen.
Varianten/Alternativen: Es können auch Fotos mit zwei oder mehreren agierenden Personen verwendet werden.
Die visuellen Eindrücke der Fotos können auch auf Instrumente übertragen werden.
Material: Fotos aus Illustrierten, Instrumente

26

ICH

Übungsschwerpunkte: Musikalität
Spielregeln einhalten
Feinmotorik
Zeit- und Raumeinteilung
Raumorientierung

Der gesungene Weg

▶ Zu einem bekannten Lied (z.B. „Das Wandern ist des Müllers Lust“ oder „Bruder Jakob“ o.ä.) geht jedes Kind einen Weg von „Haus zu Haus“ (s.unten), so daß der Weg genau mit Ende der Melodie an dem zweiten Haus endet (aber nicht eher dort sein). Der Vorgang des Gehens soll mit der Länge der gesungenen Melodie genau übereinstimmen.
Varianten/Alternativen: Beim zweiten Singen kann der Weg auf ein Blatt gezeichnet werden. Bei weiteren Wiederholungen können noch neue Wege dazugemalt werden. z.B. mit anderen Farben.
Material: Malblätter, Stifte

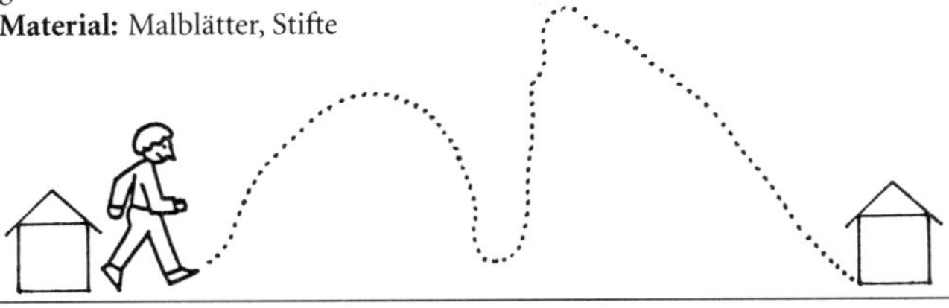

27

ICH

Übungsschwerpunkte: Körperbeherrschung
Reagieren und Umschalten

Der Schaukelstuhl

Vorbereitung: Bild, Gespräch oder Rätsel mit Stichwort „Schaukelstuhl" (z. B.: „Es ist zwar zum Sitzen und steht doch nicht still… Es schwankt hin und her, doch nur wenn man will").

▶ Jedes Kind probiert, wie es ohne Schaukelstuhl schaukeln kann (z. B. sich klein machen wie ein Päckchen, die Knie umfassen und über den Rücken am Boden hin- und herrollen/schaukeln):

Dazu singen die anderen Kinder ein Schaukellied (s. Nr. 28). Doch wenn „das Telefon klingelt" (Zimbeln), soll das schaukelnde Kind schnell auf die Beine kommen und eine stehende Haltung einnehmen, ohne zu wackeln (wie beim Telefonieren).

Bemerkung: Das Telefonklingeln (Zimbeln) kann von jeweils einem anderen Kind dargestellt werden.

Material: Zimbeln

28

ICH **Schaukel dich fit**

Text und Melodie: S. Vliex

Melodie und Gitarrenbegleitung etwas tiefer (siehe Akkordsymbole in Klammern):

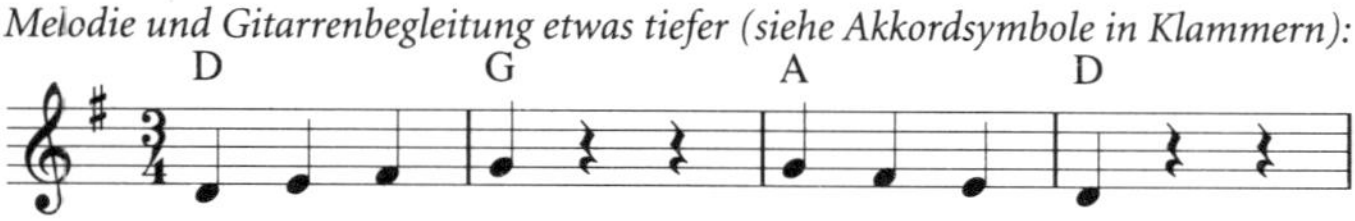

29

ICH

Übungsschwerpunkte: Anderen vertrauen
Entspannung

Sprungtuch

Vorbereitung: Gespräch darüber, wie die Feuerwehr hilft (z. B.: ein Sprungtuch aufhalten). Bilderbuchempfehlung hierzu: „Die Feuerwehr hilft immer“ Baumann / Schramm, Betz-Verlag
▶ Die Situation des „Sprungtuchhaltens“ wird nachgespielt. Jedes Kind soll einmal von einem Stuhl in eine am Boden ausgebreitete Decke springen, sich dann hineinlegen und von den anderen Kindern zur „Belohnung“ darin schaukeln lassen (Schaukellied dazu singen, s. Nr. 28).
Varianten/Alternativen: Vor dem Sprung einen Vers sprechen, z. B.: „Habe nur Mut, es wird alles gut, springe bei drei, und dann bist du frei: Eins! Zwei! Drei!“
Bemerkung: Sicherheitshalber sollte der Erwachsene am Kopfende der Decke anfassen. Kinder, die schon geschaukelt worden sind, können auch als Musiker eingesetzt werden.
Material: Bilderbuch, Decke, Stuhl, Instrumente

30

ICH

Übungsschwerpunkte: Körperbeherrschung
Balance
Konzentration

Rückentransport

Vorbereitung: Gespräch oder Geschichte über Lasttiere (z. B. Esel).

▶ Vierfüßlerstand (): Jedem Kind wird ein Gegenstand auf den Rücken gelegt. Es soll versuchen, so vorsichtig zur anderen Raumseite zu krabbeln, daß die „Last“ nicht vom Rücken fällt.
Varianten/Alternativen: Dort angekommen, kann der Gegenstand abgeladen und ein anderer aufgeladen werden, usw.
Bemerkung: Den Weg nicht zu lang vorgeben. Bedenken, daß die anderen Kinder warten müssen. Evt. die Übung paarweise abwickeln.
Material: kleine Gegenstände, z. B.: Hölzchen, Sandsäckchen, Bälle, Kastanien, Kartoffeln o. ä.

31

Übungsschwerpunkte: Körperbeherrschung
Geschicklichkeit
Körperbewußtsein

ICH

Max trägt Briefe

Vorgeschichte: Max holt täglich die Post vom Briefkasten am Gartentor ins Haus. Sein Hund Hasso begleitet ihn dabei, denn er trägt immer die Zeitung. Aber: Wie können Hunde etwas tragen…? Eines Tages versucht Max aus Spaß, die Briefe einmal anders als mit Händen ins Haus zu tragen. Wie könnte er das anstellen?
▶ Etwa 10 Briefe liegen am Rand des Raumes auf einem Stuhl. Jeder Brief soll auf eine andere Art und Weise ohne Benutzung der Hände auf die andere Raumseite (Zielpunkt markieren!) getragen werden:

Varianten/Alternativen: Im Anschluß an diese Übung sollten sich die Briefe für weitere Spiele (Puzzle, zusammensetzbare Bildgeschichte usw., siehe auch Nr. 140/141) verwenden lassen.
Material: 10 Briefe oder Karteikärtchen, 2 Stühle

32

Übungsschwerpunkte: Körpererfahrung – Körperbewußtsein
Beweglichkeit – Geschicklichkeit
Experimentierfreude

ICH

Festgeklebt

▶ Jedes Kind sucht sich einen Platz für sich allein. Dort einen festen Stand finden „so, als ob man an den Füßen Klebstoff hätte". Mit dem Gewicht über den „angeklebten" Füßen kreisen und wanken, ohne den Stehplatz zu verlassen. Dann ausprobieren, was man (mit dem Kopf, mit Armen, Schultern, Po usw.) alles machen kann, obwohl die Füße festgeklebt sind.
Varianten/Alternativen: Die Bewegungen mit den einzelnen Körperteilen den Klängen der Handtrommel/Flöte/Stimme anpassen.
Bemerkung: Am Ende der Übung ist es ratsam, ein Bewegungsspiel mit Fortbewegung im Raum anzuschließen.
Material: Handtrommel oder Flöte

33

ICH

Übungsschwerpunkte: Gleichgewicht
Körperbeherrschung

3 mal im Gleichgewicht

▶ Drei Vorstellungshilfen werden genannt, zu denen jedes Kind eine passende Gleichgewichtsposition finden soll.

1. So, als ob man gerade zum 11-Meterschuß ansetzt…
2. So, als ob man in der Hängematte liegt…
3. So, als ob man kniend auf dem Rollbrett fährt…

Varianten/Alternativen: Die drei Gleichgewichtspositionen im zügigen Ablauf hintereinander oder auf Stichwort-Einruf (Hängematte, 11-Meter, Rollbrett) bzw. auf andere Codierungen schnell einnehmen. Auch Instrumente den Positionen zuordnen!
Bemerkung: Diese Übung mit Schulkindern ausführen
Material: Instrumente

34

ICH

Übungsschwerpunkte: Schulung der Feinmotorik
Malfreude entwickeln

Riesengroß und klitzeklein (Malanregung)

Vorbereitung: Kinder haben sich mit der Vorstellungswelt von „Zwergen und Riesen“ beschäftigt (Geschichte; Lied: „Riese, Zwerg und Zauberer“; usw.).
▶ Jedes Kind erhält ein Malblatt, auf dem bereits Schuhe abgebildet sind (rechts kleine, links große). Diese sollen als Ausgangspunkt für zwei Abbildungen (Zwerg und Riese) dienen.
Varianten/Alternativen: Es können auch weitere Kleidungsstücke oder Gegenstände jeweils in Zwergen- oder Riesengröße dazugemalt werden. (Siehe hierzu auch Nr. 8, Hörbeispiel: „Conversation junior“.)
Material: große Malblätter, Stifte

35

ICH

Übungsschwerpunkte: Gestalten mit Farben und Formen
Ruhe und Konzentration
Visuelle Wahrnehmung

Gemaltes „Bierdeckelkarussell"

Vorbereitung: Kinder probieren aus, sich schnell zu drehen und plötzlich stehenzubleiben, und achten darauf, wie alles vor den Augen verschwimmt.
▶ Jedes Kind bekommt einen Bierdeckel und soll diesen mit Formen und Farben bemalen

z. B.: 

Hinterher wird jeder Deckel einmal auf einen Spieß gesteckt und wie ein Kreisel gedreht, um zu beobachten, wie die Formen und Farben (auch) verschwimmen.
Varianten/Alternativen: Kinder können dazu mitklatschen und dabei wie bei einem anfahrenden Karussell immer schneller werden.
Material: Bierdeckel mit Loch in der Mitte, Holzspieß zum Aufstecken des Pappdeckels

36

ICH

Übungsschwerpunkte: Phantasie
Abstraktionsvermögen
Gestalten mit Formen und Farben

Sternbilder malen

Vorbereitung: Sternkarte (Atlas) zeigen und Gespräch darüber führen
▶ Jedes Kind erhält ein Malblatt, auf dem bereits Punkte aufgemalt sind. Diese sollen miteinander verbunden werden. Je nach entstandener Form soll jedes Kind dann überlegen, was man daraus malen könnte, und das Bild entsprechend der eigenen Idee ergänzen.
Varianten/Alternativen: Evt. die Punkte von den Kindern selbst malen lassen (Anzahl begrenzen) und die Punkteblätter untereinander austauschen.
Bemerkung: Manchmal muß man das Blatt von verschiedenen Seiten aus betrachten, bis man eine Idee bekommt, was aus der zufällig entstandenen Form werden kann.
Material: Sternkarte (Atlas), Blätter mit Punkten, Stifte

37

ICH

Übungsschwerpunkte: Spielregeln
Feinmotorik
Reaktionsvermögen

Geradeaus und um die Ecke (Malübung)

▶ Jedes Kind hat ein Blatt Rechenpapier und einen Bleistift. Entlang der vorgegebenen Linien soll solange geradelinig gezeichnet werden, wie die Handtrommel spielt. D. h.: Jeder Handtrommelton bedeutet = ein Kästchen. Bei jedem Claveston, der zwischendurch zu hören ist, muß ein Richtungswechsel gezeichnet werden.

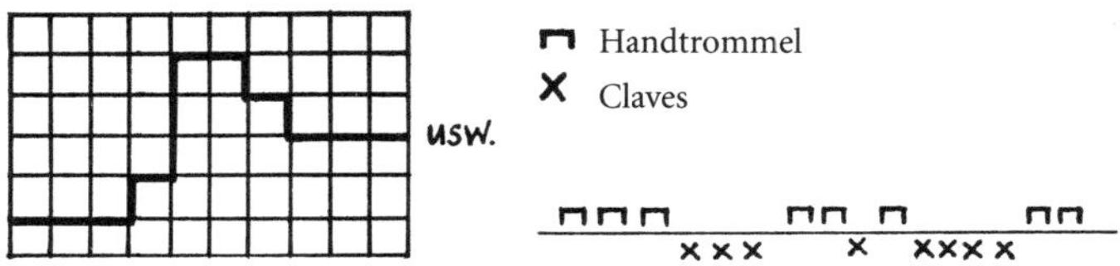

Varianten/Alternativen: Anstelle der Instrumente kann auch die Stimme eingesetzt werden (Singen : geradlinig/Sprechen = eckig)
Material: Rechenblätter, Bleistifte, Claves, Handtrommel

38

ICH

Übungsschwerpunkte: Abstraktionsvermögen
Transferleistung
(Vorstellung Æ Bild)

Tierspuren malen

Vorbereitung: Verschiedene Tiere in Bewegung darstellen
▶ Kärtchen mit Tierabbildungen (aus Illustrierten ausschneiden oder malen) werden verdeckt auf den Boden gelegt. Jedes Kind zieht eine Karte. Auf einer ausgerollten Tapetenbahn sind Umrisse für diese Kärtchen in gleichmäßigen Abständen aufgezeichnet. Jedes Kind sucht sich einen Platz für sein Tierkärtchen und legt es dort hin.

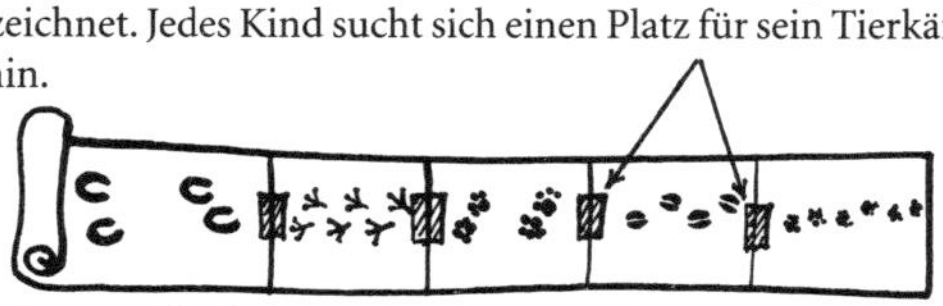

Danach sollen die Spuren, die die Tiere im Schnee machen bis hin zum nächsten Bildkärtchen gemalt werden.
Varianten/Alternativen: Die entstandene Spurenzeichnung in Klänge (mit Stimme oder Instrumenten) übertragen.
Material: Tierbildkärtchen, Stifte, Tapetenrolle, Instrumente

Übungssammlung: DU + ICH

39

DU + ICH

Guten Tag

Übungsschwerpunkte: Auditive Wahrnehmung
Kontaktaufnahme
Abwarten – Spannung halten

▶ Zwei Kinder sollen sich, wenn ein langer Ton erklingt (mit Kazoo), die Hand geben (wie bei einer Begrüßung) und erst dann wieder loslassen, wenn der Ton aufhört. Danach hüpfen alle Kinder im Galopprhythmus (Bongo) kreuz und quer durch den Raum. Erklingt erneut ein langer Ton, soll schnell ein anderer Partner zum Händereichen gefunden werden.
Varianten/Alternativen: Als musikalische Begleitung eignet sich hierzu der Tanz „Siebensprung" aus Dänemark (Cass. 2. aus: „Musik, Spiel und Tanz, Schott / Wergo). Wenn der Leiter die Musik selbst macht, kann der lange Ton auch unterschiedliche Tonhöhen haben (hoher Ton = Hände reichen, tiefer Ton = Füße reichen).
Material: Kazoo, Bongo, ggf. Cass. „Der Siebensprung"

40

DU + ICH

Ich höre dein Herzklopfen

Übungsschwerpunkte: Körperbewußtsein
Kontakt
Auditive Wahrnehmung
Transferleistung (Ohr – Instrument)

Vorbereitung: Die Kinder haben sich mit verschiedenen Körpergeräuschen beschäftigt (siehe Nr. 3).
▶ Zwei Kinder gehen zusammen. Ⓐ legt sich auf den Boden (Rückenlage), Ⓑ legt sein Ohr auf die Stelle, an der man das Herz am besten klopfen hören kann. Danach Wechsel.
Varianten/Alternativen: Das Klopfen des Herzens nachklatschen oder auf einer Pauke nachspielen. Unterschiedliche Tempi des Herzklopfens miteinander vergleichen, z. B. vor und nach einem lebendigen Bewegungsspiel
Material: Pauke oder Handtrommel

41

DU + ICH

Wo tropft's?

Übungsschwerpunkte: Auditive Wahrnehmung (Richtungshören)
Konzentration – Ruhe

Vorbereitung: Kinder sollen sich überlegen, was man tun kann, wenn im Keller ein Wasserrohr undicht ist, doch leider das Licht nicht funktioniert (die undichte, tropfende Stelle nach dem Gehör finden).
▶ Ein Kind spielt „das tropfende Wasserrohr" und macht dazu ein ständiges Tropfgeräusch (z. B. auf Claves), das andere Kind spielt den Klempner, der im Dunkeln (mit verbundenen Augen) die Stelle finden muß. Danach wechseln.
Varianten/Alternativen: Es könnte auch an mehreren Stellen tropfen… (zwei bis drei Kinder mit Claves).
Material: Claves oder ähnlich klingendes Instrument

42

DU + ICH

Übungsschwerpunkte: Auditive Wahrnehmung (Musikalität) Rhythmusgefühl Spielregeln

Trommelsprache

Vorbereitung: Verschiedene Rhythmen und Anschlagarten auf der Handtrommel ausprobieren. Eine Indiandergeschichte erzählen, in der von einer bestimmten Trommelsprache die Rede ist. Folgende Motive kennenlernen (als Frage-Antwort-Spiel):

= Löwe kommt / *Antwort:* schnelles, wildes Trommeln (als Zeichen dafür, daß alle flink weglaufen)

= Feuer löschen / *Antwort:* reiben über das Handtrommelfell (als Wassergeräusch)

= Mais essen / *Antwort:* 

(Schritte der Indianer, die zum Essen kommen)

▶ Jedes Kind geht mit einer Handtrommel in eine Raumecke. Ⓐ spielt eines der Rhythmusmotive, Ⓑ antwortet entsprechend. Danach wechseln. Die anderen Kinder raten mit.

Material: 2 Handtrommeln

43

DU + ICH

Übungsschwerpunkte: Rhythmusgefühl, Erlebnis von Bewegungsdynamik und Ruhe im Wechsel

Start ins All mit Feuerknall

Vorbereitung: Die Kinder sprechen und klatschen den „Feuerknall-Vers“

▶ Zu zweit wird der Vers auf Handtrommeln im Wortrhythmus mitgespielt. Nach dem Stichwort „Feuer“ rennt Kind Ⓐ im Raketentempo los und dreht eine große Runde im Raum. Kind Ⓑ begleitet das Lauftempo auf dem Instrument.

Material: Handtrommeln

44

DU + ICH

Übungsschwerpunkte: Auditive Wahrnehmung
Konzentration –
Aufmerksamkeit
Reaktion – Umschalten

Das Klick-Klack Spiel

Vorbereitung: Kinder hatten Gelegenheit, mit verschiedenen Holzblocktrommeln, Woodenagogos oder Bongos zu experimentieren (in jedem Fall Instrumente mit zwei unterschiedlichen Tonhöhen.

▶ Zwei Kinder sitzen sich gegenüber und haben jeweils das gleiche Instrument zur Verfügung (z. B. Bongos). Jedes Kind soll nun abwechselnd einen Ton spielen, wobei auf einen hellen Ton ein dunklerer (tieferer) Ton folgen soll: „Klick-Klack-Klick-Klack“ usw. Sobald ein Kind den vorangegangen Ton wiederholt „Klick-Klick“..., muß der Partner seine Hände schnell auf den Rücken legen, anstatt auf dem Instrument zu spielen. Nach einer Pause beginnt die Klick-Klack-Kette dann erneut.

Varianten/Alternativen: Schnellere Tempi oder Rhythmen ausprobieren. Augen dabei zumachen. Für Schulkinder.

Material: Instrumente mit zwei verschiedenen Tonhöhen.

45

DU + ICH

Übungsschwerpunkte: Auditive Wahrnehmung
(Richtungshören)
Ruhe – Konzentration
Vertrauen – Verantwortung
Orientierung im Raum

Triangelspiele

▶ Ein Kind hat die Augen verbunden, das andere Kind hat einen Triangel und soll damit das „blinde Kind“ durch den Raum führen, so daß es nirgends anstößt. Dazu muß es rückwärts vor dem „blinden Kind“ hergehen und ständig auf dem Triangel spielen. Das „blinde Kind“ versucht, dem Klang in der richtigen Richtung zu folgen.

Varianten/Alternativen: Das „blinde Kind“ in bestimmte Raumecken führen, welche vorher mit Farbpunkten markiert wurden. Vor dem Öffnen der Augen kann dann die entsprechende Ecke vom „blinden Kind“ geraten werden. Schwerer: einen Raumweg vorgeben, auf dem das „blinde Kind“ geführt werden soll.

Bemerkung: Sprache weitestgehend ausschalten. Übung nicht zu lang ausdehnen.

Material: Triangeln

46

DU + ICH

Übungsschwerpunkte: Auditive Wahrnehmung (Richtungshören)
Orientierung im Raum

Unter dem Karton

Vorbereitung: Die Kinder hatten Gelegenheit, mit großen Kartons und Kisten zu experimentieren, sich darin zu verstecken u. ä.

▶ Zwei Kinder stehen unter je einem Karton und werden gedreht und durch den Raum geführt, so daß sie die Orientierung verlieren. Dann sollen beide sich ganz unter die Kartons hocken (in die Hocke gehen bzw. Vierfüßlerstand). Wenn es ganz leise geworden ist, können die beiden Kinder versuchen, sich anzunähern (auf die Geräusche achten!), bis beide Kartons sanft zusammenstoßen und gemeinsam weiterrutschen.

Varianten/Alternativen: Das Treffen der beiden Kartons kann auch durch leises und lautes Instrumentalspiel angeleitet werden (leise = noch weit entfernt/ laut = nahe dran).

Bemerkung: Die sich bewegenden Kisten sehen sehr witzig aus, dadurch ist der Spaß auch für die Zuschauer gegeben.

Material: 2 große Pappkartons, Instrumente

47

DU + ICH

Übungsschwerpunkte: Auditive Wahrnehmung
Konzentration

Echo

Vorbereitung: Kinder haben mit verschiedenen Körpergeräuschen experimentiert (Nr.3)

▶ Eine Trennwand unterteilt den Raum (z. B. mit Stühlen und Decke bauen). Auf jeder Seite sitzt ein Kind. Beide sehen sich nicht. Kind Ⓐ beginnt mit einem Körpergeräusch (Klatschen, Pfeifen, Zungenschnalzen...). Kind Ⓑ „antwortet" mit dem gleichen Geräusch. Danach wechseln.

Varianten/Alternativen: Ebenso mit einer Auswahl verschiedener Instrumente verfahren. Schwerer: mit festgelegten oder spontan erfundenen Rhythmen.

Bemerkung: Die zuschauenden Kinder so plazieren, daß sie beide agierenden Kinder sehen können.

Material: Trennwand, Instrumente (je 2 von einer Sorte)

48

DU + ICH

Übungsschwerpunkte: Behutsamkeit im Umgang mit Instrumenten
Geduld – Abwarten
Taktile Wahrnehmung

Wärmeabdruck auf der Handtrommel

Vorbereitung: Im Gespräch erklären, woraus eine Handtrommel gebaut ist. Das Handtrommelfell mit der eigenen Haut vergleichen und auf die Empfindlichkeit hinweisen. Ausprobieren, wie man die Handtrommel bespielen kann und welche unterschiedlichen Klänge entstehen können.
▶ Jedes Kind hat eine Handtrommel vor sich liegen und wärmt das Fell mit einer Hand an (Augen schließen und langsam bis 10 zählen oder nach Gefühl). Danach wird die Handtrommel an das nächste Kind weitergereicht. Der Wärmeabdruck soll wiedergefunden werden (Hand genau auf die gleiche Stelle legen).
Varianten/Alternativen: Den Wärmeabdruck auch mit anderen Körperflächen wiederfinden (Fußsohle, Wange...).
Bemerkung: Übung nicht *zu oft* wiederholen.
Material: Handtrommeln

49

DU + ICH

Übungsschwerpunkte: Taktile Wahrnehmung
Einfühlungsvermögen

Tierspuren in Knete

Vorbereitung: Die Kinder haben sich über Tierspuren im Schnee unterhalten und entsprechende Abbildungen dazu betrachtet (z. B.: Vogelkrallen, Pferdehufe, Katzenpfoten, Bärentatzen usw.). Ähnliche Tierspuren soll nun jeder in Knetmasse eindrücken.
▶ Jedes Kind formt zunächst aus einer Knetkugel einen flachen „Pizzapfannkuchen“ als Fläche. In diese Knetfläche können dann verschiedene Tierspuren eingedrückt werden. Anschließend bekommt ein Kind Ⓐ die Augen verbunden und wird von einem anderen Kind Ⓑ zu einer der Knetflächen mit den verschiedenen Tierabdrücken geführt. Kind Ⓐ soll nun mit der Hand tastend einen Tierabdruck erkennen und benennen.
Varianten/Alternativen: Wenn die Aufgabe zu leicht ist, können auch 2 bis 3 Abdrücke hintereinander abgetastet werden. Ggf. auch die Abdrücke unserer Körperteile mit einbringen.
Material: große Knetkugeln, Tuch zum Augen verbinden, Fotos oder Abb. von Tierspuren

50

DU + ICH

Übungsschwerpunkte: Kontaktfähigkeit
Vertrauen
Taktile Wahrnehmung
Transferleistung
(Körperkontakt – Instrument)
Behutsamkeit

Rückenrhythmus

▶ Zwei Kinder sitzen in folgenden Positionen zusammen: Ⓑ klopft, streicht, wischt usw. dem Partnerkind über den Rücken. Ⓐ soll dies sofort auf der Handtrommel mitspielen. Danach Wechsel.
Varianten/Alternativen: Bestimmte Klopf- oder Spielweisen vorgeben. Raumweg dazwischenschalten. D. h., Kind Ⓐ muß das, was es am Rücken gespürt hat, „mit auf den Weg nehmen" und auf einer bereitgestellten Trommel am anderen Ende des Raumes nachspielen. Auch mit Übertragung ins Malen möglich
Bemerkung: Nie vom „Anschlagen" der Trommel oder des Rückens sprechen, sondern die Bezeichnung „Spielen" verwenden. Wenn manche Kinder trotzdem zuviel Kraft einsetzen, kann man sie auffordern, dies am eigenen Körper auszuprobieren.
Material: Handtrommel, evt. Malutensilien

51

DU + ICH

Übungsschwerpunkte: Vertrauen – Verantwortung
Taktile Wahrnehmung
Raumüberblick

Lotse und Schiff

Vorbereitung: Die Aufgabe von Schiffslotsen im Gespräch und ggf. mit Bildmaterial klären.
▶ Zwei Kinder spielen die Situation: „Ein großes Schiff im Nebel wird vom Lotsen in den Hafen geführt." Ein Kind hat die Augen verbunden und soll sich an den Händen durch den Raum führen lassen. Das „Lotsenkind" hat die Verantwortung dafür, daß keine Unfälle oder Zusammenstöße entstehen. Danach wechseln.
Varianten/Alternativen: Anstatt mit Handfassung auch über Hand-Schulter-Kontakt führen. Schwerer: „Berührungszeichen" absprechen für vorwärts, rückwärts usw. (für ältere Kinder).
Bemerkung: Die Übung kann nach und nach aufgebaut werden. Zuerst am besten nur ein Kinderpaar, dann die anderen. Einen Raumort als „Hafen" festlegen.
Material: Tücher zum Verbinden der Augen

52

DU + ICH

Übungsschwerpunkte: Führen und Folgen
Spielregeln
visuelle Wahrnehmung
Raumorientierung

Taschenlampenspot

▶ Kinder stehen paarweise verteilt im Raum. Kind Ⓐ hat eine Taschenlampe und leuchtet damit einen Lichtpunkt auf den Fußboden. Kind Ⓑ steht mit den Füßen genau darin. Auf Signal gehen die Paare im Schritt- oder Lauftempo (je nach Handtrommelbegleitung) durch den Raum, wobei der Lichtpunkt der Taschenlampe immer auf den Füßen von Kind Ⓑ bleiben soll. Danach wechseln.

Varianten/Alternativen: Übung auch umgekehrt probieren, das heißt: Füße führen, Licht folgt. Grundübung auch mit Musik vom Band, z. B. „Air" von J. S. Bach, Orchestersuite. Nr. 3, D-Dur, BWV 1068

Bemerkung: Übung möglichst ohne zu sprechen ausführen (= spannender).

Material: Taschenlampe, ggf. Musik von Cassette

53

DU + ICH

Übungsschwerpunkte: Entspannung – Loslassen
Einfühlungsvermögen
anderen vertrauen
Behutsamkeit – Körperkontakt

Schlafender Sultan

Vorbereitungsgeschichte: Es war einmal ein Sultan, der hatte einen so festen Schlaf, daß man, ohne daß er etwas merkte, so einiges mit ihm anstellen konnte. Sogar seine Arme und Beine konnte man bewegen, und er wurde trotzdem nicht wach. Es gab nur eine einzige Möglichkeit, ihn aufzuwecken: Der Diener Achmir mußte ihn mit der Nase am Bauch „wachkratzen".

▶ Je zwei Kinder spielen zusammen. Kind Ⓐ spielt den „schlafenden Sultan" und Kind Ⓑ den „Diener Achmir", der die Arme und Beine des schlafenden Sultans bewegt, ohne daß dieser davon wach wird. Am Ende erfolgt das „Wachkratzen" mit der Nase am Bauch. Danach Wechsel der Rollen.

Bemerkung: Bei Gefahr der Albernheit anstelle des „Wachkratzens" ein anderes „Weckzeichen" vereinbaren.

54

DU + ICH

Vers für den schlafenden Sultan

▶ Hebst du seine Arme hoch,
schläft der Sultan immer noch.
Hebst du seine Beine hoch,
schläft der Sultan immer noch.
Doch jetzt weck ihn schnell,
denn es wird schon hell!
(S. Vliex)

Varianten/Alternativen: Siehe Nr. 53

55

DU + ICH

Übungsschwerpunkte: Entspannung – Loslassen
Taktile Wahrnehmung
Kontaktfreude

Das Katzen-Streichel-Spiel

Vorgeschichte: Die Katze Flora lebte auf dem Bauernhof bei Frau und Herrn Müller. Dort wurde sie jeden Abend mit Streicheleinheiten verwöhnt. Sie konnte natürlich, ohne aufschauen zu müssen, ganz genau erkennen, wer von den beiden ihr gerade über das Fell strich, denn Herr Müller strich immer hin und her, wogegen Frau Müller ihr nach jedem langsamen Entlangstreichen 3 mal den Rücken kraulte…

▶ Ein Kind Ⓐ spielt die Katze Flora, die sich genüßlich streicheln läßt. Ein anderes Kind Ⓑ soll sich entscheiden, ob es wie Frau oder wie Herr Müller über den Rücken von Kind Ⓐ streicht bzw. krault. Kind Ⓐ soll es ein paar Mal spüren und dann sagen, welche Streichelgewohnheit es war. Danach werden die Rollen getauscht.

Varianten/Alternativen: Den ganzen Ablauf auch mit leiser und ruhiger Musik untermalen (z. B. mit dem Klarinettenkonzert in A-dur, KV 622, 2. Satz von W. A. Mozart).

Material: evt. Cassette mit Mozartmusik

56

DU + ICH

Übungsschwerpunkte: Führen und Folgen
Anpassung – Selbstbehauptung
Rollenspiel
Visuelle Wahrnehmung

Im Spiegel

Vorbereitung: Gespräch über das, was man alles vor dem Spiegel tut. Alle Kinder stellen diese Bewegungen sehr langsam dar.
▶ Kind Ⓐ spielt „einen großen Spiegel", Kind Ⓑ „den Menschen vor dem Spiegel". Alle Bewegungen sollen sehr langsam (wie in Zeitlupe) von Kind Ⓑ dem Spiegel vorgemacht werden. Kind Ⓐ muß alles genauso mitmachen. Danach wechseln.
Varianten/Alternativen: Langsame Musik dazu abspielen (z. B. H. Purcell, Fantasien). Evt. eine bestimmte Anzahl von Requisiten dazunehmen (Kamm, Tuch, Lippenstift). Die Übung ist auch mit der ganzen Gruppe „als Spiegel" möglich.
Material: ggf. Musik und Requisiten

57

DU + ICH

Übungsschwerpunkte: Bewegungsführung – Bewegungsgenauigkeit
Konzentration
Führen und Folgen
Visuelle Wahrnehmung

Triangelspiele

▶ Ein Kind hält einen Triangel, das andere Kind hat den Schlägel dazu. Beide sollen nun versuchen, in folgender Weise langsam durch den Raum zu gehen, ohne daß der Schlägel an den Triangel anstößt (Schlägel mitten in das Dreieck halten):

Wenn es doch passiert: Rollenwechsel.

Bemerkung: Ein sehr langsames Tempo wählen. Evt. zunächst ohne Fortbewegung (d. h., den Triangel nur mit Armbewegungen führen). Ggf. vorher festlegen, wer führt und wer folgt. Diese Übung nur mit älteren Kindern ausführen.
Material: Triangeln

58

DU + ICH

Übungsschwerpunkte: Einfühlungsvermögen
Führen und Folgen, Kontakt

Das ist ein Fisch und das ist ein Fisch (Fingerspiel)

Vorbereitung: Gespräch über Fische, gemeinsames Betrachten von Fischebildern.
▶ Zwei Kinder führen gemeinsam die folgenden Hand- und Fingerbewegungen zum gesprochenen Vers aus:

Das ist ein Fisch	= die eine Hand taucht hinter dem Rücken auf!
und das ist ein Fisch	= die andere Hand erscheint!
Sie treffen sich	= die Fingerkuppen berühren sich!
der eine nimmt den anderen mit	= die Hände übereinanderlegen!
Sie schwimmen einen großen Kreis	= eine Kreisbahn in die Luft malen!
ganz tief zum Meeresgrund hinab	= Hände zielstrebig nach unten führen!
schnurstracks zur einen Seite	= Hände auf mittlerer Höhe zu einer Seite führen!
in Wellen zur anderen Seite	= Hände in Wellenbewegungen zur anderen Seite führen!
und dann zum Fischschwarm zurück!	= die Hände trennen sich und verschwinden hinter dem Rücken

Varianten/Alternativen: Ein Kind kann auch die Augen schließen und sich führen lassen. Später kann die Sprache zugunsten einer „Untermalungsmusik" (z. B. „Aquarium" aus C. Saint-Saens: Karneval der Tiere) weggelassen werden.
Material: evtl. Bilder/Fotos von Fischen, evtl. „Untermalungsmusik"

59

DU + ICH

Übungsschwerpunkte: Absprachen treffen
Einigung auf gemeinsame Bewegungsrhythmen
Einfühlungsvermögen – Rollenspiel

Känguruh und Baby

Vorbereitung: Gespräch über Känguruhs, evt. mit Bildmaterial
▶ Zwei Kinder springen zusammen wie Kängeruhmutter und Kängeruhbaby. Sie sollen eigenständig absprechen, wer von beiden die Führungsrolle übernimmt und welcher Raumweg zurückgelegt werden soll. Ebenso ist zu lösen, wie die Aufstellung zum gemeinsamen Springen am günstigsten ist. Danach sollten sich beide Kinder auch noch auf ein gemeinsames Hüpftempo einigen. Die Rollen später auch tauschen.
Varianten/Alternativen: Die Bewegung zur gleichnamigen Musik von C. Saint-Saens probieren.
Material: Bild vom Känguruh mit Baby, Musik: Saint-Saens, Der Karneval der Tiere, „Känguruhs" s. Hörbeispiele Nr. 7)

60

Übungsschwerpunkte: Kontakt
Verantwortung – Vertrauen
Gleichgewicht
Rollenspiel

DU + ICH

Pferd und Reiter

▶ Zwei Kinder spielen zusammen Pferd und Reiter. Die Rollen werden festgelegt. Erst muß der Reiter für sein Pferd sorgen: es abbürsten, ihm Hafer hinstellen, ihm anerkennend aufs Fell klopfen (pantomimisch). Dann erst kann er vorsichtig zum Reiten aufsteigen (Achtung: ziemlich weit hinten aufsitzen). Die Füße sollen keinen Kontakt zum Boden haben. Nach einer bestimmten Strecke (Kreis oder Weg zurück zum „Stall") wechseln die Kinder die Rollen.

Varianten/Alternativen: Instrumente als Requisiten verwenden (Handtrommel als Futternapf, Maracas als Bürste usw.).

Bemerkung: Raumwege gut organisieren: nicht zu lang, klare Strecken.

Material: ggf. Handtrommel, Maracas

61

Übungsschwerpunkte: Anpassung – Selbständigkeit
Rücksichtnahme
Raumübersicht

DU + ICH

Schlittenhund und Eskimo

▶ Je zwei Kinder zusammen spielen Schlittenhund und Eskimo. Ein Seil dient als Zügel und Lenkung. Solange es aber „über das weite Eismeer" geht (zur Musik), weiß der Schlittenhund auch ohne Lenkung den Weg. Stoppt jedoch die Musik, bedeutet dies, daß er nun auf die Zügellenkung des Eskimos achten soll (Richtung durch entsprechenden Zug am Seil angeben (Vorstellungshilfe: Schlittenhund muß um gefährliche Eisklippen herumgelenkt werden). Setzt die Musik wieder ein, bedeutet dies: freie Fahrt für den Schlittenhund. Danach Rollenwechsel.

Bemerkung: Je nach Platz im Raum die Paare einzeln oder gemeinsam agieren lassen. Für Schulkinder.

Material: Seile, Cassettenaufnahme oder Instrumente

62

DU + ICH

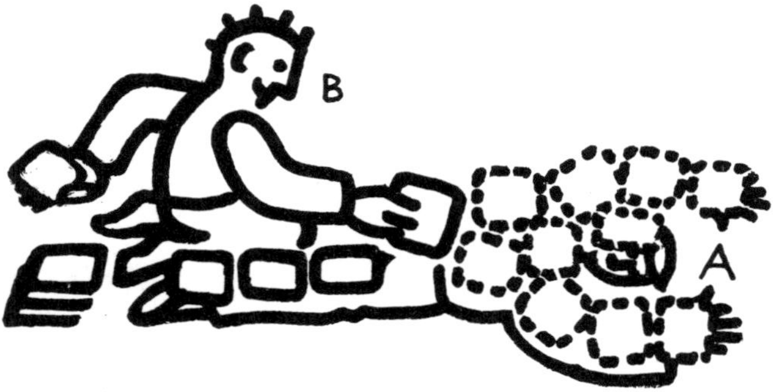

63

Übungsschwerpunkte: Entspannung

DU + ICH

Zugedeckt und entspannt

Vorbereitung: Es werden viele Bierdeckel benötigt (am besten in Getränkehandlungen nachfragen). Der Lehrer führt in der Mitte des Sitzkreises den genauen Hergang der Übung vor, bevor die Kinder paarweise selber agieren. Es ist wichtig, sich dabei viel Ruhe und Langsamkeit zu gönnen.

▶ Kind Ⓐ liegt in Bauchlage am Boden. Kind Ⓑ hat einen Stapel Bierdeckel neben sich. Diese Pappdeckel werden als „Zudecke" auf den ganzen Körper des liegenden Kindes (siehe Abb.) nach folgenden Regeln gelegt und dabei jeweils leicht angedrückt. Als erstes werden die Beine parallel von den Füßen bis zum Gesäß bedeckt, dann geht es mit einzelnen Deckeln vom Gesäß über den Rücken bis hoch zu den Schultern weiter. Die Arme werden wieder gleichzeitig parallel bedeckt und zum Schluß kann evtl. noch ein Bierdeckel auf dem Hinterkopf plaziert werden. Wenn der ganze Körper zugedeckt ist: Eine Minute still warten und danach die Deckel wieder von Kopf bis Fuß nach gleicher Systematik abnehmen und jeden Pappdeckel wieder vorher einmal sachte an den Körper andrücken!

Wichtig: Die Deckel nicht „irgendwie kreuz und quer" über den Körper verteilen, sondern fortschreitend Stück für Stück.

Bemerkung: 3 ruhige Musikstücke von ca. 5 Minuten, 1 Minute und wieder 5 Minuten Länge sollten den zeitlichen Rahmen für diese Übung mitsteuern helfen.

Material: Viele Bierdeckel, ruhige Musik von Cassette oder Selbstgespieltes!

64

DU + ICH

Übungsschwerpunkte: Visuelle Wahrnehmung
Gedächtnisleistung
Selbständigkeit – Anpassung

Ich versuch' es auch!

Vorbereitung: Die Kinder sprechen den folgenden Vers und probieren die Bewegungen aus, die im Vers genannt werden (rennen, gehen usw.):

Rennst du, oder gehst du?
Hüpfst du, oder stehst du?
Wackelst du mit deinem Bauch?
Ich versuch' es auch! *(S. Vliex)*

▶ Ein Kind Ⓐ beginnt und zeigt 2 bis 3 Bewegungen, wie sie im Vers vorkommen, z. B.: hüpfen, einen Weg gehen und am Ende mit einem Körperteil „wackeln". Das andere Kind Ⓑ soll dies genau beobachten und dann den Bewegungsablauf nachahmen.
Varianten/Alternativen: Die Bewegungen auf der Handtrommel begleiten. Siehe hierzu Lied Nr. 152.
Bemerkung: Kleinere Kinder anstelle des Bewegungsablaufs zunächst nur einzelne Bewegungsaktionen vor- und nachmachen lassen.
Material: Handtrommel

65

DU + ICH

Übungsschwerpunkte: Reaktion – Umschalten
Bewußtsein für Bewegungstempi

Schneller Hans und ruhiger Hans

Vorbereitung: Gespräch über verschiedene Situationen, in denen ruhige oder schnelle Tempi angemessen/unangemessen sind, z. B. in der Kirche, auf dem Sportplatz, beim Über-die Straße-Gehen usw.!
▶ Ein Kind Ⓐ spielt den ruhigen Hans, das andere Kind Ⓑ den schnellen Hans. Beide sollen verschiedenste Bewegungsaufgaben in den entsprechenden Tempi ausführen.
Varianten/Alternativen: Kleine Abläufe darstellen lassen (z. B.: im Garten – graben, pflücken, gießen usw.). Die Bewegungen der beiden von zwei anderen Kindern auf Instrumenten begleiten lassen. Kinder dazu anregen, ein Lied zu singen a) wie der ruhige Hans, b) wie der schnelle Hans. (Siehe auch Lied Nr. 150)
Bemerkung: Ganz besonders genau auf Rollenwechsel achten, damit es nicht passiert, daß ausgerechnet die langsamen Kinder auch mit der ruhigen Rolle bestärkt werden.
Material: Instrumente

66

DU + ICH

Übungsschwerpunkte: Bewegungsgeschmeidigkeit – Bewegungsstops
Einfühlungsvermögen

Frau Eckzack und Herr Dideldei

Vorbereitung: Kinder hören eine Geschichte, die die Gewohnheiten der obengenannten Personen beschreibt, und probieren das Bewegungsverhalten der beiden aus. Frau Eckzack: eckige, ruckartige Bewegungen. Für Herrn Dideldei weiche, geschwungene Bewegungen.
▶ Alltagsbewegungen wie: sich anziehen, schreiben, winken, Wäsche aufhängen, Vorhänge zuziehen, Fahrrad fahren u.ä. sollen von je zwei Kindern gezeigt werden, wobei Kind Ⓐ „Frau Eckzack" und Kind Ⓑ „Herrn Dideldei" spielen soll. Später können die Rollen auch getauscht werden.
Varianten/Alternativen: Die zuschauenden Kinder sollen die Rollen und die Bedeutung der Bewegungen erraten. Die dargestellten Bewegungen können auch auf passenden Instrumenten (z. B. Lotusflöte, Claves) begleitet werden.
Material: Instrumente

67

DU + ICH

Übungsschwerpunkte: Rollenspiel
Rhythmischen Ablauf einhalten

Zipp und Zapp

▶ Zwei Kinder erhalten je einen Hut und begeben sich in verschiedene Raumecken. Kind Ⓐ spielt „Herrn Zipp" und Kind Ⓑ den „Herrn Zapp". Zum folgenden Vers soll sich jedes Kind eine besondere Art der Begrüßung und Verbeugung ausdenken und darstellen:

Mein Name ist Zipp: „Pappelapipp!" = Verbeugung!
Mein Name ist Zapp: „Pappelapapp!" = Verbeugung!
Zipp und Zapp: Hüte ab = Beide Kinder nehmen ihre Hüte ab
„Pappelapipp, pappelapapp, pappelapeg – weg = Beide Kinder verstecken sich

Bemerkung: Der Sprechvers kann von den Darstellern und den zuschauenden Kindern im Wechsel gesprochen werden. Für Schulkinder.
Material: Hüte

68

DU + ICH

Übungsschwerpunkte: Gleichgewicht und Balance
Kontakt
Gemeinsamkeit
Verantwortung und Vertrauen

Gleichgewichtspositionen

Vorbereitung: Strichmännchenzeichnungen oder Fotos mit folgenden Positionen zeigen und Bezeichnungen für die Positionen erfinden:

▶ Jedes Kind sucht sich einen (möglichst gleichgroßen) Partner. Beide zusammen versuchen die 3 Positionen nachzustellen. Anschließend kann daraus ein kleiner Ablauf entwickelt werden: Wie kommt man von Position 1 in die Position 3 usw.? Jedes Paar danach einmal vormachen lassen.
Bemerkung: Für Schulkinder
Material: Kärtchen (s. oben)

69

DU + ICH

Übungsschwerpunkte: Schnelle Kontaktaufnahme und Einigung
Bewegungsgeschick – Koordination

Kleidung mit Klebstoff

Vorbereitung: Kinder werden gefragt, ob sie die Redensart: „Meine Kleidung klebt mir am Leibe“ schon einmal gehört haben. Ihnen wird die daraus abgeleitete Spielidee erklärt. Alle Kinder erhalten ein Kleidungsstück für möglichst viele unterschiedliche Körperteile (Socken, Gürtel, Mütze, Handschuhe, Schultertuch usw.)
▶ Kinder bewegen sich zur Musik (Rhythmus auf Fellinstrumenten / Flötenspiel o. ä.) frei durch den Raum. Bei „Stop“ sollen je zwei Kinder sich treffen und mit ihren Kleidungsstücken „zusammenkleben“. Setzt die Musik wieder ein, bewegt sich jedes Kind alleine im Raum.
Varianten/Alternativen: Kleidungsstücke können auch ausgetauscht werden.
Bemerkung: Vorher vereinbaren, daß bei jedem „Stop“ andere Kleidungstücke zusammenkleben sollen, damit ein Partnerwechsel gesichert ist.
Material: Kleidungsstücke, Instrumente

70

DU + ICH

Übungsschwerpunkte: Umdenken – Umschalten
Verhaltensalternativen
Flexibiltät

Das Gegenteil machen

Vorbereitung: Kinder haben sich über die Möglichkeiten, das Gegenteil zu machen, unterhalten, evt. einen Vers dazu gelernt (Nr. 126) und eine Geschichte dazu gehört (Nr. 127). Drei bis vier Bewegungsmotive werden festgelegt, z. B. Händeklatschen – Fußestampfen, Nicken – Kopfschütteln, Herbeiwinken – Abwinken usw.

▶ Zwei Kinder sprechen ab, wer welche Rolle zuerst bekommt. Ⓐ beginnt und zeigt eines der Motive, Ⓑ soll mit der gegenteiligen Bewegung antworten. Danach wechseln.

Varianten/Alternativen: Geräte hinzunehmen (Tuch, Stab, Reifen). Auch Mimik miteinbeziehen.

Material: ggf. Geräte

71

DU + ICH

Übungsschwerpunkte: Umdenken
Selbständigkeit – Anpassung
Konzentration
Gestalten mit Farben und Formen

Malen im Spiegelbild

Vorbereitung: Die Kinder haben Bewegungserfahrungen zum Thema: „Sich spiegelbildlich bewegen, gesammelt (Nr. 56).

▶ Zwei Kinder sitzen sich an einem Malblatt gegenüber. Das Malblatt ist mit einer Linie in zwei Hälften unterteilt. Diese Linie stellt den Spiegel dar. Kind Ⓐ beginnt, wählt eine Farbe, setzt am Spiegel an und malt eine Linie, die am Ende zurück zum Spiegel führen soll. Kind Ⓑ nimmt die gleiche Farbe, setzt an der gleichen Stelle an und malt gleichzeitig spiegelbildlich auf seiner Malblatthälfte die Linie mit. Danach wechseln, d. h., Kind Ⓑ beginnt.

Bemerkung: Große Malblätter verwenden / Zielgruppe: Schulkinder.

Material: Malutensilien

72

DU + ICH

Übungsschwerpunkte: Gemeinsame Gestaltung
Reihenfolge – Spielregeln
Gestalten mit Farben und Formen

Malen zu zweit

Vorbereitung: Kunstpostkarten zeigen als Anregung (z. B. von Klee und Kandinsky).
▶ Kinder sitzen zu zweit vor einem großen Malblatt. Jeweils eine der folgenden Formen: Punkt •, Linie ∿∿∿ oder Kreis O dürfen die Kinder abwechselnd malen. Anschließend zeigen alle Paare ihre gemeinsam gemalten Bilder.
Alternativen/Varianten: Kinder können sich auch selbst Muster, Formen oder Zeichen ausdenken, z. B. Strich /, Treppe ⌐⌐, Dreieck △ o. ä. Evt. auch eine Farbreihenfolge festlegen.
Bemerkung: Falls erforderlich, den Hinweis geben, nicht über die Formen und Linien des Partners malen zu dürfen. Für Schulkinder
Material: Malutensilien, evt. Kunstpostkarten

73

DU + ICH

Übungsschwerpunkte: Einfühlungsvermögen
Verhaltensalternativen
Frustrationstoleranz (falls die Schildkröte nicht herausschaut)

Ob die Schildkröte ihren Kopf herausstreckt?

Gespräch: Wenn wir mal Streit hatten und beleidigt sind, was tun wir dann? Wenn Schildkröten beleidigt sind oder sich fürchten, ziehen sie den Kopf einfach ein und sind weg. Wie könnte man sie wieder hervorlocken, was würde ihr wohl so gefallen, daß sie wieder herausschaut?
▶ Ein Kind spielt die Schildkröte und nimmt eine entsprechende Position mit eingezogenem Kopf ein. Ein anderes Kind soll versuchen, die Schildkröte zum Herausschauen zu bewegen. „Wer hat eine Idee, was man der Schildkröte sagen könnte?“ Wem es gelingt, die Schildkröte zum Herausschauen zu bringen, der darf als nächster in diese Rolle schlüpfen.
Varianten/Alternativen: Auch non-verbale Möglichkeiten vorschlagen (über den Rücken streichen, singen oder auf Instrumenten spielen). Das gleiche Spiel mit anderen Tieren, z. B.: Die Maus aus der Ecke locken usw.
Material: evt. Instrumente

Übungssammlung: WIR

74

WIR

Übungsschwerpunkte: Taktile Wahrnehmung
Visuelle Wahrnehmung
Interesse für Einzelheiten
Reaktionsschnelligkeit

Achtung! Anfassen

Vorbereitung: Die Kinder haben verschiedene Dinge auf ihre Materialbeschaffenheit hin untersucht (angefaßt). Unter gleichem Aspekt wurden auch die Dinge, Einrichtungsgegenstände und Materialien im Raum untersucht. „Was ist hier aus: Holz, Stoff, Gummi, Glas, Metall usw.?"

▶ Die Kinder bewegen sich frei im Raum (musikalisch untermalen). Plötzlich stoppt die Musik, und ein Material wird eingerufen, z. B. Glas! Alle Kinder versuchen nun schnell, irgend etwas aus Glas anzufassen. Setzt die Musik wieder ein, bedeutet dies, sich wieder frei im Raum zu bewegen.

Varianten/Alternativen: Anstelle der Einrufe können später auch musikalische Signale, Zahlen oder andere Codierungen verwendet werden. Immer ein anderes Kind kann das Material bestimmen.

Bemerkung: Kein Wettspiel daraus machen.

Material: verschiedene Materialien zum Fühlen, Instrumente

75

WIR

Übungsschwerpunkte: Taktile Wahrnehmung
Rollenspiel (Tiere)

Tiere fühlen – Tiere spielen

▶ Jedes Kind bekommt ein Stoffsäckchen, in dem sich ein Gummitier befindet. Die Kinder sollen versuchen, durch das Stoffsäckchen hindurch zu ertasten, um welches Tier es sich handelt. Danach versucht jeder, sein Tier in der Bewegung darzustellen (gemeinsam damit auf Startsignal beginnen) und gleichzeitig mit den anderen „Tieren" Kontakt aufnehmen. Ertönt erneut das Signal, kommen alle zurück zum Ausgangspunkt und sprechen darüber, welche Tiere sie bei den anderen erkannt haben und welches Tier sie selber dargestellt haben.

Varianten/Alternativen: Ggf. auch Stimmlaute dazunehmen.

Bemerkung: Noch vor der Fühlübung die Kinder darauf hinweisen, ihr Tier nicht lauthals zu verraten, auch wenn sie es ganz schnell erkannt haben.

Material: Stoffsäckchen mit Gummitieren zum Fühlen

76

WIR

Übungsschwerpunkte: Taktile Wahrnehmung
Abwarten – Disziplin

Welches Tier lief dir über den Rücken?

▶ Die Kinder sitzen verkehrt herum auf Stühlen in einer Reihe. Der Leiter imitiert mit verschiedenen Fingern und Handberührungen ein Tier, das über alle Rücken hinwegläuft (kriecht, hüpft usw.) Die Kinder sollen so lange warten, bis sie ein Zeichen bekommen (z. B. Klangsignal), und erst dann das Tier nennen.
Varianten/Alternativen: Das „Gespürte" auch in Bewegung zeigen. Die taktilen Zeichen auch von einzelnen Kindern auf die Rücken der anderen Kinder übertragen lassen.
Bemerkung: Bei Gefahr der Albernheit diese Übung lieber im Einzelablauf durchführen oder ggf. auf wenige ganz klare Zeichen eingrenzen.
Material: Stühle oder Hocker

77

WIR

Übungsschwerpunkte: Taktile Wahrnehmung
Abwarten – Disziplin

Das Gummitierchenzwillingspaar

Vorbereitung: Jedes Kind hat ein Gummitier ertastet und behält es bei sich. Zu jedem Gummitier gibt es aber noch einen Zwilling.
▶ Stoffsäckchen mit Gummitieren werden im Kreis herumgereicht (für jedes Kind ein Säckchen!). Sobald ein Beckenklang ertönt, bedeutet dies, das Säckchen weiterzureichen, um ein anderes in Empfang zu nehmen. Jedes Kind soll versuchen, sein Zwillingstier trotz kurzer Fühlzeit zu ertasten. Wenn es gefunden ist, kann dieses Säckchen aus dem Fühlkreis herausgenommen werden (hinter den Rücken legen), die anderen machen alleine weiter, bis alle ihr Tier gefunden haben. Danach dürfen die Säckchen geöffnet werden.
Bemerkung: Sobald ein Kind sich irrt, funktioniert die ganze Übung nicht mehr. Deshalb vorher verabreden, sich so gut wie möglich zu konzentrieren. Die Möglichkeit des Mißlingens einräumen.
Material: Stoffsäckchen, Gummitiere (je 2 von einer Sorte)

78

WIR

Übungsschwerpunkte: Auditive Wahrnehmung (Richtungshören)
Orientierung im Raum
Still sein können

Wo hört ihr was?

▶ Kinder sitzen dicht beieinander in der Mitte des Raumes und zeigen auf Klänge, die aus verschiedenen Raumrichtungen zu vernehmen sind (Leiter). Dabei halten die Kinder die Augen geschlossen. Die Augen sollen erst auf Anweisung hin zur Kontrolle geöffnet werden. Danach kann ein Kind die Geräusche (Körpergeräusche, Stimme oder Instrumente) erzeugen.
Varianten/Alternativen: Zur Geräuschquelle hinkrabbeln (Vorstellungshilfe „Krabbelkäfer Willibald“, Nr. 125).
Bemerkung: Geeignet für die ersten Rhythmikstunden.
Material: evt. Instrumente.

79

WIR

Übungsschwerpunkte: Rhythmusgefühl, Gemeinsamkeitserlebnis, Verhaltensregeln lernen

Der Nett-Miteinander-Vers

▶ Die Gruppe sitzt im Kreis und spricht den Vers:

(A)

(B)

(S. Vliex)

Varianten/Alternativen: 1. Zeile mit Klatschbegleitung, 2. Zeile mit Patschbegleitung (auf die Schenkel), 3. Zeile mit Handfassung, 4. Zeile mit freien Dirigierbewegungen und plötzlicher Armverschränkung beim letzten Wort.
Bemerkung: Der Vers eignet sich als Einstieg in die Stunde. Falls der Vers als Ganzes für die Kindergruppe zu lang erscheint, genügt zunächst auch nur der B-Teil.
Material: Signalinstrumente (Handtrommel, Xylophon, Pauke), ggf. Flöte

80

WIR

Übungsschwerpunkte: Auditive Wahrnehmung
Transferleistung (Hören – Bewegungsreaktion)
Kontaktaufnahme
Spielregeln

Signale erkennen

▶ Folgende Trommelsignale werden den Kindern vorgestellt

♩ ♩ ♩ = sich treffen zu dritt

♩ ♩ = sich treffen zu zweit

♩ = allein auf einem Bein

Kinder bewegen sich zum Gesang des Leiters frei im Raum. Sobald dazwischen eines der Trommelsignale zu hören ist, gilt es, schnell in der Bewegung zu reagieren.
Varianten/Alternativen: Die Trommelsignale werden von jeweils einem anderen Kind gespielt.
Bemerkung: Wenn es z. B. aus zeitlichen Gründen nicht möglich ist, daß alle Kinder einmal „Signalgeber" sein dürfen, dies von vornherein ankündigen.
Material: Handtrommel

81

WIR

Übungsschwerpunkte: Auditive Wahrnehmung
Umschalten – Umdenken
Aufmerksamkeit

Bewegungskontrast (Gegenteil)

Vorbereitung: Kinder haben musikalische Gegensätze gehört und benannt.
▶ Leiter spielt auf der Flöte oder dem Metallophon (bzw. anderes geeignetes Instrument) und macht dabei deutliche Unterschiede im Tempo, in der Lautstärke und in der Tonhöhe. Die Kinder bewegen sich dazu, d. h.: bei laut = stampfen, leise = auf Zehenspitzen, hoch = sich groß machen, tief = am Boden kriechen, schnell = rennen, langsam = gehen. Wird jedoch das Stichwort „Gegenteil" eingerufen, sollen die Kinder in ihrer Bewegung entsprechend umschalten.
Varianten/Alternativen: Auch mit Musikcollage von Band arbeiten und ausdrucksmäßige Gegenteile (z. B. traurig – fröhlich, müde – wach usw. ausprobieren. Vorstellungshilfen hinzuziehen.
Material: Flöte oder Metallophon o. ä., Musikcollage/Cassette

82

WIR

Übungsschwerpunkte: Anpassung – Einordnung
Bewegungsidee
Metrum halten

Das Metronom

Vorbereitung: Der Leiter erklärt den Kindern, wozu die Musiker ein Metronom benötigen (Tempo gleichmäßig halten). Zur besseren Wirkung wird am oberen Ende des Pendels ein auf Papier aufgemaltes Auge befestigt, das je nach Einstellung des Tempos mal schnell und mal langsam mitpendelt.
▶ Die Kinder beobachten das Metronom(-auge) und versuchen, die Bewegung des Pendels mit dem Zeigefinger gleichschnell mitzuzeigen. Verschiedene Tempi einstellen.
Varianten/Alternativen: Auch andere Bewegungen dazu erfinden (z. B.: nicken, winken, Kniebeugen machen usw.) Das Ticken des Metronoms dann auch leise mitklatschen, dazu im Kreis herumgehen oder auf Instrumenten mitspielen.
Material: Metronom (mit Papierauge), ggf. Instrumente

83

WIR

Übungsschwerpunkte: Auditive Wahrnehmung
Reaktionsschnelligkeit

Drei Formen und drei Klänge

Vorbereitung: Mit Kreppband sind folgende drei Formen am Boden aufgeklebt:

○ △ ▭

Die Kinder haben diese Formen mit den Formen der zur Auswahl stehenden Instrumente verglichen und passende Zuordnungen getroffen (Triangel = △, Holzblock = ▭, Handtrommel oder Becken = ○)
▶ Kinder singen ein ihnen bekanntes Lied und gehen dazu um die am Boden aufgeklebten Formen herum. Sobald ein Instrument erklingt, gilt es, in die Form zu hüpfen, die zur Form des erklungenen Instrumentes paßt. Erst wenn das Instrumentalspiel aufhört, gehen alle wieder um die Formen herum.
Bemerkung: Dieses Spiel am besten am Ende einer Stunde, da die aufgeklebten Formen bei anderen Spielen ablenken können.
Material: Kreppband, Instrumente.

84

WIR

Übungsschwerpunkte: Selbständigkeit – Anpassung
Rollenspiel
Reaktion auf Klangsignale

Lotusflötenfahrstuhl

Vorbereitung: Sich vorstellen, wie es in einem großen Bürohaus zugeht (Herren mit Aktentaschen, Eile, Damen mit schriftlichen Unterlagen, Fahrstuhl usw.)

▶ Alle Kinder laufen mit der Vorstellung, „eilige Geschäftsleute in einem großen Bürohaus zu sein", mit imaginären Aktentaschen in der Hand, ständig auf die Uhr blickend, funktelefonierend … usw. kreuz und quer duch den Raum (Leiter untermalt dies musikalisch). Wenn die Lotusflöte erklingt, müssen alle „Geschäftsleute" schnell in den Fahrstuhl (Raumecke) einsteigen und hinauf oder hinunter fahren (je nach Vorgabe), danach sofort aussteigen und wieder hektisch kreuz und quer laufen.

Varianten/Alternativen: Reifen als Requisit dazunehmen. Sie könnten sowohl als Aktentaschen als auch als Fahrstühle (jedes Kind hätte dann seinen eigenen Fahrstuhl) dienen.

Bemerkung: Für Schulkinder.

Material: verschiedene Instrumente, Lotusflöte, Reifen

85

WIR

Übungsschwerpunkte: Auditive Wahrnehmung
Bewegungsdarstellung

Klänge zaubern uns groß und klein

Vorbereitung: Die Kinder haben die Bilderbuchgeschichte: „Der Josa mit der Zauberfidel", Janosch, Parabel Verlag, kennengelernt.

▶ Zur Handtrommelbegleitung bewegen sich die Kinder a) gehend „wie ein König", b) galoppierend „wie das Pferd", und c) krabbelnd „wie die Ameise" durch den Raum. Sobald das Handtrommelspiel von einer auf- oder absteigenden Melodie (Gesang/Flöte o. ä.) unterbrochen wird, verändern alle Kinder ihre momentane Haltung und versuchen, sich größer oder kleiner zu machen. Setzt das Handtrommelspiel wieder ein, bewegen sich alle erneut als König, Ameise oder Pferd (entsprechend der Spielweise auf der Handtrommel).

Material: Bilderbuchgeschichte: Der Josa mit der Zauberfidel (siehe Nr. 134), Handtrommel, ggf. Flöte

86

WIR

Übungsschwerpunkte: Gemeinsamkeit – Gestaltung
Einordnung in die Gruppe
Transferleistung (Hören – Bewegung)

Handtheater – Fußtheater

Vorbereitung: Die Kinder hatten Gelegenheit auszuprobieren, was man mit Händen und Füßen Unterschiedliches machen kann.

▶ Folgende Klangmotive und Bewegungsmotive werden einander zugeordnet: z. B.

- Xylophon (einzelne Töne verstreut angeschlagen) = „mit den Fingern wackeln“
- Pauke (ein akzentuierter Schlag) = die Handflächen zusammendrücken
- Flöte/Gesang (eine Melodie im Dreiertakt) = „winken mit den Händen“

Anstelle der Handbewegungen die gleichen Motive auch mit den Füßen einüben. Es werden zwei Gruppen gebildet. Ein großes Tuch dient als Trennwand, hinter der einmal nur die Füße hervorschauen und über der auch die Hände sichtbar werden können. Die Gruppen spielen sich gegenseitig ein Fuß- oder Handtheater vor, wobei sie auf die vom Leiter gespielten Klangsignale entsprechend reagieren.
Material: Xylophon, Pauke, großes Tuch als Trennwand

87

WIR

Übungsschwerpunkte: Rücksichtnahme
Reaktion
Bewegungsphantasie

Fahr ab, halt an!

▶ Zur musikalischen Untermalung mit „Stops“ fahren alle Kinder als „Fahrzeuge eigener Wahl“ durch den Raum, ohne daß es Zusammenstöße gibt (sollte dies trotzdem passieren, „müssen die zusammengestoßenen Fahrzeuge in die Werkstatt und können erst nach einer gewissen Reparaturzeit wieder am Verkehr teilnehmen“). Jedesmal, wenn die Musik stoppt, halten auch die Fahrzeuge an. Geht die Musik weiter, läuft auch der Verkehr wieder.
Varianten/Alternativen: Es kann ein „Kreisverkehr mit Richtungswechsel“ bei jedem „Stop“ vorgegeben werden. Nach jedem „Stop“ können auch die Fahrzeugarten wechseln. Siehe dazu auch Lied Nr. 158.
Material: Instrumente

88

WIR

Übungsschwerpunkte: Bewegungsfreude
Reaktion – Umschalten
Spielregeln

Die Luft geht raus!

▶ Mit der Vorstellung, „aufgeblasene Luftballons“ zu sein, bewegen sich alle Kinder hüpfend und springend durch den Raum (Begleitung auf dem Flexaton, wenn vorhanden). Sobald zu hören ist, daß den Ballons die Luft entweicht (→ mit Stimme oder Lotusflöte), sinken alle zu Boden und müssen darauf warten, wieder aufgepumpt zu werden (Leiter mit Luftpumpe/Lotusflöte oder Stimmgeräusch). Wenn alle Ballons wieder aufgepumpt sind, können sie wieder hüpfen und springen.

Bemerkung: Manche Kinder lassen gerne besonders lange auf sich warten, bis sie sich erneut „aufpumpen“ lassen. Sollte dies den Spielverlauf zu stark hemmen, müßten die „unaufblasbaren Ballons“ eben bis zum nächsten Versuch schlaff am Boden liegen bleiben.

Material: Flexaton oder Handtrommel, Lotusflöte, Luftpumpe

89

WIR

Übungsschwerpunkte Auditive Wahrnehmung
Bewegungsfreude
Anpassung an musikalische Ordnung

Geeignete Musikbeispiele

▶ **Bewegungsanregende Musikstudie**

1. Hermann van Veen: „Weg da!“, LP Die seltsamen Abenteuer des H. van Veen/ Polydor
2. „Samba de uma nota so’“, LP: Baden’s best/Philips
3. „Caravan“ von D. Ellington, LP: Kenny Burrell „For Duke“ Fantasy
4. „Limehouse blues“ von Furber & Braham, LP: Barney Kessel/Stephane Grappelli „Limehouse blues“/INterrecord
5. „St. Louis Blues March“ + „Goody Goody“, CD: Swing that music/Scana Stereo CD
6. „Marsch“ aus Nußknackersuite von P. Tschaikowsky
7. „Marsch“ aus The Courtly Dances From „Gloriana“ von B. Britten
8. „Vorspiel“ zu Carmen von G. Bizet
9. „Tambourin in A-dur“ von J. Philippe Rameau, LP: Adagio – Zauber des Barock/Favorit
10. „Parnass“, New York Percussion Trio, LP: Ring der Musikfreunde/Biem
11. „Ouvertüre zur Entführung aus dem Serail“ von W. A. Mozart

90

WIR Übungsschwerpunkte: Improvisation mit der Stimme
Aufmerksamkeit

Fliegen fangen

Vorbereitung: Alle Kinder hatten die Gelegenheit auszuprobieren, wie man einen Ton mit dem Kazoo erzeugen kann (hineinsingen). Wenn keine Kazoos zur Verfügung stehen, können auch mit der Stimme verschiedene Summgeräusche erzeugt werden.

▶ Ein Kind hat ein Instrument, welches die Fliegenklatsche darstellt (Handtrommel oder Holzklappe). Die anderen Kinder imitieren mit dem Kazoo/mit der Stimme „lästige Fliegen". Das Summen soll auf der Stelle verstummen, sobald die Fliegenklatsche „knallt", danach aber recht bald wieder einsetzen. Auch andere Kinder dürfen dann einmal mit dem Fliegenklatscheninstrument das Summgeräusch stoppen.

Varianten/Alternativen: Die „Fliegen" machen die Augen beim Summen zu.

Bemerkung: Vorstellungshilfen geben, wie die Fliegen fliegen, um dadurch Dynamik und Tonhöhen zu variieren.

Material: Kazoos, Handtrommel oder Klappe

91

WIR Übungsschwerpunkte: Rhythmusgefühl, Gemeinschaftserlebnis

Sirenen und Kazoos

Vorbereitung: Die Kinder haben ausprobiert, wie man einen Ton auf einem Kazoo erzeugt (hineinsingen). Nun erzählt der Lehrer die Geschichte von den „heulenden Sirenen" und bittet die Kinder, sich schon einmal zu überlegen, wie dieses Heulen auf den Kazoos darstellbar wäre.

▶ Der Spielleiter spricht den Text, und die Kinder spielen auf Stichwort: *Sirenen – Tränen – auf* – und *darauf!* Ein einzelnes Kind spielt dann solistisch bei: *alleine* und *zähmen!*

Da heulten die Sirenen
fünfhunderttausend Tränen.
Sie heulten alle auf
noch einmal kurz darauf,
und dann schrie nur noch eine,
die heulte ganz alleine!
Man konnte sie nicht zähmen:

Bemerkung: Das Ergebnis ruhig einmal auf Cassettenrecorder aufnehmen und anhören. Mit Schulkindern!

Material: Kazoos, evtl. Cassettenrecorder, Leercassette.

92

WIR

Übungsschwerpunkte: Behutsamkeit mit Instrumenten
Rhythmusgefühl
Singen

Ich geh' mit meinem Triangel

Vorbereitung: Die Kinder werden gefragt, ob ihnen das Lied „Ich geh' mit meiner Laterne" bekannt ist. Ebenso wird darüber gesprochen, wie vorsichtig man mit einer Laterne gehen muß. Die Kinder sollen dann versuchen, mit dem Instrument/Triangel auch sehr vorsichtig umzugehen. Der Triangel muß so behutsam angespielt werden, daß das Bändchen sich nicht verdreht.

▶ Alle Kinder haben einen △ und gehen damit singend und spielend durch den Raum: Ich geh' mit meinem Triangel und mein Triangel mit mir. ‖: Mein Lied klingt schön. Ich bleibe steh'n: rabimmel rabammel rabumm. :‖

Varianten/Alternativen: Richtungswechsel einbauen.

Bemerkung: Für jüngere Kinder keine zusätzlichen Raumvorgaben einbauen (nur im Kreis gehen).

Material: Triangeln

93

WIR

Übungsschwerpunkte: Instrumentalspiel
Einordnung in musikalische Abläufe
Gemeinsamkeit
Behutsamkeit

Bongotrommel

Vorbereitung: Die Kinder probieren aus, wie man auf einer Bongotrommel unterschiedliche Klänge erzeugen kann (Anschlagsarten). Folgender Vers wird gesprochen

Bongotrommel, bitte sehr,
dich zu spielen, ist nicht schwer.
In der Mitte und am Rand
treff' ich dich mit einer Hand,
mit der and'ren streich ich leise
über's Fell und male Kreise.
Fingertrippel, Daumenschlag
spiel' ich auf dir jeden Tag.
(S. Vliex)

▶ Zum gesprochenen Vers spielen alle Kinder entsprechend auf ihrer Trommel (ggf. auch mit einer Handtrommel möglich) mit.

Varianten/Alternativen: Nach einigen Durchgängen kann das Sprechen nur noch als lautlose Lippenbewegung angedeutet werden, damit das Trommelspiel auch einmal ganz deutlich zu hören ist. Ggf. könnten auch schnellere Tempi probiert werden.

Material: Bongotrommeln oder Hand- (Rahmen-)trommeln

94

WIR

Übungsschwerpunkte: Vorstellungsvermögen
Einfühlungsvermögen
Hilfsbereitschaft
Klangerlebnis
Abwarten – Spielregeln

Das Triangeltrutusenspiel

Vorbereitung: Die Kinder haben die Geschichten von den Schlägel- und Triangelgespenstern gehört (siehe Nr. 95)
▶ Ein Kind bekommt einen Metallschlägel und spielt das „Schlägelgespenst". Die anderen Kinder spielen die „Triangeltrutusen", die zwar einen Triangel, doch keinen Schlägel haben. Sie stehen im Raum verteilt. Wenn die Uhr 12 geschlagen hat (Leiter), beginnt das „Schlägelgespenst" die „Triangeltrutusen" an ihren Triangeln anzustoßen und bringt sie dadurch zum Klingen. Die „Triangeltrutusen" dürfen sich dann aber nur solange fortbewegen, wie es klingt, und müssen danach wieder stehenbleiben und warten, bis sie erneut angestoßen werden. Das „Schlägelgespenst" soll möglichst alle immer in Bewegung halten.
Varianten/Alternativen: Mehrere „Schlägelgespenster" benennen (Familie).
Material: Triangeln für alle Kinder, Triangelschlägel

95

WIR

Übungsschwerpunkte: Aufmerksamkeit – Ruhe
Einfühlungsvermögen

Die Geschichte von den traurigen Triangeltrutusen

▶ Auf dem Dachboden eines alten Schloßes lebten einstmals merkwürdige Gespenster. Es waren die Triangeltrutusen. Sie hießen so, weil sie eine silberne Haut hatten und dreieckig waren. Diese Gespenster standen schon seit Jahren unbeweglich still auf ihren Plätzen, denn sie konnten sich nur bewegen, wenn man sie anstieß und dadurch zum Klingen brachte. Aber wer sollte dies tun? Die Triangeltrutusen waren sehr traurig. Zum Glück lebte aber im Keller dieses Schlosses ein Schlägelgespenst mit seiner Familie. Als dieses Schlägelgespenst eines Tages Holz vom Dachboden holen wollte, stieß es versehentlich einen Triangeltrutusen an und vernahm, daß da plötzlich etwas Silbernes, Klingendes durch die Gegend schwebte. „Na so was!" dachte sich das Schlägelgespenst. „Wie schön das klingt!" Doch da war es schon wieder still geworden, und nichts bewegte sich mehr. Das Schlägelgespenst sah sich darauf hin ganz genau um. Und was entdeckte es? Überall standen traurig schauende Triangeltrutusen herum. Kurz entschlossen 1, 2, 3 gab es nun jedem einen kleinen Stoß, und wieder klangen die Töne wunderschön, als sich die Triangeltrutusen bewegten; sie bekamen dabei ganz selig-glückliche Gesichtszüge. „Stoß mich nochmal an!" sagte ein ganz Kleines. „Sonst bleib' ich gleich schon wieder stehn!" „Mich auch! Mich auch", riefen andere gleich darauf. Und so hatte das Schlägelgespenst bis zum nächsten Morgen alle Hände voll zu tun, um die Trutusen glücklich zu machen. Sie wurden die besten Freunde und treffen sich seither jede Nacht um 12 Uhr. *(G. Baun und S. Vliex)*

96

WIR

Übungsschwerpunkte: Instrumentalspiel
Koordination
Einfügen in einen Ablauf

Mit der Rassel auf nach Kassel

Vorbereitung: Die Kinder haben verschiedene Rasseln ausprobiert, die Klangunterschiede und Spieltechniken kennengelernt. Drei Kinder werden ausgewählt / bzw. drei Gruppen werden gebildet: Ⓐ mit Schellenrassel, Ⓑ mit Stangenrassel und Ⓒ mit Maracas.
▶ Zum gesprochenen Vers beginnt Kind/Gruppe Ⓐ und läuft schellenrasselnd im Kreis herum. Dann kommt Kind/Gruppe Ⓑ mit Stangenrassel dazu und zuletzt Kind / Gruppe Ⓒ mit Maracas. Das Tempo wird noch einmal angezogen, und bei Versende bleiben alle stehen (Vers siehe Nr. 97).
Varianten/Alternativen: Bei jedem neuen Durchgang können die Instrumente getauscht werden bzw. andere Kinder an die Reihe kommen. Anstelle des gesprochenen Verses können auch Klangsignale für das Hinzukommen der Stangenrasseln und Maracas verabredet werden.
Material: Maracas, Stangenrasseln, Schellenrasseln

97

WIR

Übungsschwerpunkte: Instrumentalspiel
Koordination
Einfügen in einen Ablauf

Vers: Mit der Rassel auf nach Kassel

▶ Eine kleine Schellenrassel war mal unterwegs nach Kassel,
radelte allein durch den Sonnenschein.

Und auf diesem Weg nach Kassel fuhr auch eine Stangenrassel –
die holte sie ein: Schon war man zu zwei'n.

Wetten, daß Maracas schneller sind als der Wind?
Sie rannten hintendrein, um dabei zu sein.

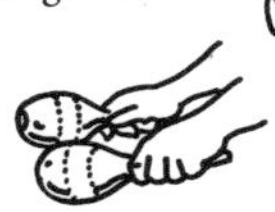

So geschah's, daß mit Gerassel alle drei den Weg nach Kassel
ganz gemeinsam machten und darüber lachten.

(S. Vliex)

98

WIR

Übungsschwerpunkte: Kennenlernen – Gruppenüberblick
Abwarten – Disziplin

Wer fehlt?

▶ Alle Kinder stehen mit „der Nase an der Wand". Der Leiter gibt einem der Kinder ein Zeichen, sich flink unter dem in der Mitte des Raumes bereitstehenden Pappkarton zu verstecken. Danach dürfen die anderen Kinder sich umdrehen, um zu erraten, wer unter dem Karton versteckt ist.
Varianten/Alternativen: Mit 2 Pappkartons arbeiten.

Bemerkung: Die Kinder, die an der Wand stehen, haben oft Mühe, wirklich nicht zu „äugeln". Ggf. eine andere Warteposition verabreden.
Material: ein oder zwei Pappkartons (groß)

99

WIR

Übungsschwerpunkte: Visuelle Wahrnehmung
Namen kennenlernen
Transferleistung (Sehen – Sprache)

Gemalte Namen

Vorbereitung: Die Kinder haben sich mit ihren Namen den anderen Kindern vorgestellt. Der Leiter hat Namenskärtchen mit grafischen Zeichen (siehe hierzu: „Die Liederkommode", M. Künzel-Hansen, Schroedel Verlag) vorbereitet, z. B.:

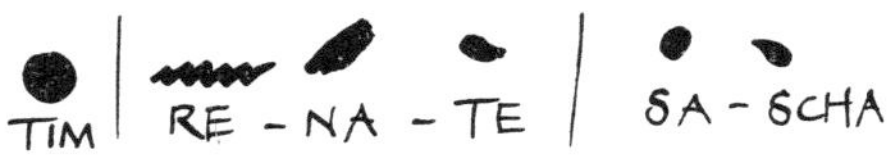

▶ Kärtchen liegen verdeckt im Kreis. Jedes Kind deckt eine Karte um. Es soll gemeinsam überlegt werden, zu welchem Namen die abgebildeten Zeichen wohl passen könnten. Danach wird das nächste Kärtchen aufgedeckt.
Varianten/Alternativen: Für Kinder, die bereits lesen können, evt. auch Buchstaben in die Grafik einbauen. Alle Namen könnten im Anschluß der Übung gemeinsam klangvoll ausgesprochen werden.
Material: gemalte Grafiken zu jedem Namen

100

WIR

Übungsschwerpunkte: Geduld – Abwarten – Konzentration
Zeitempfindung in Ruhe und Bewegung
visuelle Wahrnehmung

Sanduhr beobachten

Vorbereitung: Mit den Kindern ein Gespräch über Wartesituationen führen (dabei besonders das Problem der subjektiven Zeitempfindung in den Mittelpunkt stellen: neugieriges, langweiliges, drängelndes, gleichgültiges, geduldiges usw. Warten).

▶ Eine Eier-/Sanduhr für alle Kinder sichtbar aufstellen. Wenn die Sanduhr umgedreht wird, sollen alle versuchen, ganz still zu sein und den durchlaufenden Sand beobachten. Solange es geht, soll in dieser Form gewartet werden. Und erst, wenn das Warten gar zu lang erscheint, können die Kinder als Zeichen ihrer Ungeduld die Arme verschränken. Sobald mehr als drei Kinder dieses Zeichen gegeben haben, wird die Sanduhr angehalten. Anschließend darüber sprechen.

Material: Sanduhr

101

WIR

Übungsschwerpunkte: Visuelle Wahrnehmung
Konzentration auf Einzelheiten – Ausschnitte
Selbstbehauptung

Ferngläser

Vorbereitung: Alle Kinder haben eine Papprolle als Fernglas und betrachten dadurch Einzelheiten des Raumes (verbaler Anleitung folgend).

▶ Die Kinder sitzen mit ihren Pappfernrohren an der Wand und stellen sich vor, „Förster auf dem Hochsitz“ zu sein. Jeweils ein Kind soll dann „wie ein Tier“ einmal quer durch den Raum huschen, flitzen, kriechen, hüpfen usw. Die „Förster“ verfolgen die Bewegungen durch ihr Fernglas und sagen anschließend, welches Tier sie erkannt haben.

Varianten/Alternativen: Anstelle ganzkörperlicher Bewegung könnten die Kinder auch ein Fingerspiel (Vorstellungshilfe: Schmetterling) durch das Fernglas verfolgen. Ebenso können bewegliche Geräte (Ball, Reifen) sehend verfolgt werden. Sie könnten auch frei phantasierend erzählen, was sie gerade durch ihr Fernrohr sehen, usw.

Material: Papprollen als Ferngläser, ggf. Geräte

102

WIR

Übungsschwerpunkte: Visuelle Wahrnehmung – Aufmerksamkeit Konzentration

Wie viele Kastanien?

Vorbereitung: Bis zu 10 Kastanien liegen auf einem Teller. Darüber wird ein Deckel gestülpt.

▶ Zum folgenden Ratevers, den die Kinder gemeinsam sprechen, kommt die Aufgabe hinzu, innerhalb eines kurzen Momentes, in dem der Deckel vom Kastanienteller gehoben wird, genau zu schauen, wie viele Kastanien auf dem Teller liegen. In jedem neuen Durchgang bestimmt ein anderes Kind die Anzahl der Kastanien, und die anderen müssen raten.

Vers: Nun rate mal, nun rate mal, nun rate mal geschwind,
wie viele, wie viele Kastanien es sind. *(K. Lengefeld)*

Varianten/Alternativen: Den Vers jedes Mal anders sprechen, vielleicht auch eine Melodie dazu erfinden. Siehe dazu Lied Nr. 144.

Bemerkung: Alle Kinder sollten bei diesem Spiel gleich gute Sicht haben.

Material: Teller, Kastanien, Deckel

103

WIR

Übungsschwerpunkte: Orientierung – Gruppenüberblick Spielregeln einhalten – erfinden

Das Würfelspiel

▶ Die Kinder bekommen die Aufgabe, mit Reifen die Würfelfigur 5 (siehe unten) in den Raum zu legen. Zur improvisierten Musik des Leiters laufen alle um die Reifen herum. Sobald ein Pfiff als Klangsignal ertönt, wird mit einem großen Schaumstoff- oder Pappwürfel eine Zahl erwürfelt, die im nächsten Augenblick von den Kindern nachzustellen ist (z. B. bei ⚁ = sich in 2 Gruppen auf 2 Reifen verteilen usw.). Nur bei der Zahl ⚅ geschieht etwas Besonderes (Vorschlag: schnell auf etwas hochklettern).

Varianten/Alternativen: Die Kinder denken sich immer andere Aktionen für die Zahl ⚅ aus. Lied Nr. 145 könnte dazu gesungen werden.

Material: Reifen, großer Schaumstoffwürfel, Congas

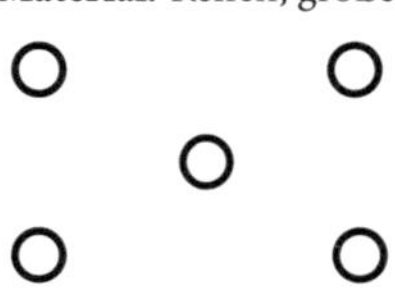

104

WIR

Übungsschwerpunkte: Sich gegenseitig genauer wahrnehmen, Gemeinsamkeit

Unter dem Schwungtuchdach

▶ Alle schwingen gemeinsam ein großes Stofftuch (ca. 6 × 6 m). Es soll immer derjenige unter dem „Tuchdach" (also dann, wenn das Tuch gerade hochgeschwungen wird) zur anderen Seite laufen, der namentlich aufgerufen wird.
Varianten/Alternativen: Statt Namen kann der Leiter auch Merkmale einrufen: „Unter dem Tuchdach laufen alle her, ... die blaue Augen haben!" ... die etwas Rotes anhaben, ... die noch 2 Geschwister haben, ... die heute schon einen Apfel gegessen haben, usw.
Material: Ein großes Stoffschwungtuch (notfalls geht auch eine Abdeckfolie aus dem Baumarkt).

105

WIR

Übungsschwerpunkte: Umdenken – Umschalten
Verhaltensalternativen
Flexibiltät

Hindernisse

Vorbereitung: Die Kinder bauen Hindernisse so im Raum auf, daß man noch drumherumgehen kann, z. B.: Papprollen, Bierdeckel und Schachteln (Streichholzschachtel). Es werden folgende Spielregeln vereinbart:

- Um die hochkant aufgestellten Papprollen = 2 × im engen Kreis herumlaufen.
- Auf die verteilten Bierdeckel = vorsichtig mit 1 Bein drauftreten und abspringen.
- Über die Schachteln = mit geschlossenen Beinen drüberhüpfen.

▶ Zur Musik laufen alle Kinder zwischen den Hindernissen umher (ohne etwas zu berühren), bei Einruf, z. B.: „Deckel", soll das entsprechende Hindernis auf die verabredete Art genommen werden.
Varianten/Alternativen: Anstelle des Einrufes von seiten des Leiters können auch Klangsignale verwendet werden. Die Kinder können auch eigene Spielregeln erfinden.
Bemerkung: Auch das Aufräumen nach dem Spiel gemeinsam organisieren.
Material: Papprollen, Bierdeckel, Schachteln, Instrumente

106

WIR

Fuß- und Handspurenweg

Übungsschwerpunkte: Visuelle Wahrnehmung
Transferleistung (Sehen – Fortbewegung)
Koordination

▶ Aus Pappe ausgeschnittene Fuß- und Handabdrücke liegen als Weg auf dem Boden:

Die Kinder sollen der Reihe nach den Abdrücken folgen.
Varianten/Alternativen: Ein Kind legt die Abdrücke in einer anderen Reihenfolge auf den Boden. Aus der Abfolge kann man evt. auch ein Schritt-Klatschmuster entwickeln (Tanz). Ggf. auch Übertragung auf Instrumente, z. B.: Fuß = Pauke, Hand = Claves.
Bemerkung: Je nach Konzentrationsvermögen der Kinder den Weg nicht zu lang auslegen.
Material: Fuß- und Handpappabdrücke, Instrumente

107

WIR

Tanzspuren

Übungsschwerpunkte: Visuelle Wahrnehmung
Transferleistung (Sehen – Fortbewegung)
Eigenständigkeit – Gemeinsamkeit

▶ Die Kinder sollen folgende Spuren und Zeichen in Bewegungen übertragen:

Es ergibt sich eine A-B-A Liedform.
Bemerkung: Ggf. vorher, nachher oder zwischendurch das passende Lied (Nr. 143) vorsingen.
Material: Tanzspurenabbildung

108

WIR

Übungsschwerpunkte: Rollenspiel – Bewegungsgestaltung – musikalische Gestaltung

Geeignete Bilderbücher

▶ Bilderbücher zum Nachspielen mit Musik und Bewegung:

1. „Pezzettino", von L. Lionni/Middelhauve
2. „Swimmy", von L. Lionni/Middelhauve
3. „Warum einer barfuß kommt und was dann passiert", von J. Machado/ Schroedel
4. „König Hupf der I.", von H. Heine/Bilderbuchstudio, Neugebauer Press
5. „Die Feuerwehr hilft immer", von H. Baumann, U. Schramm / Betz Sachbilderbuch
6. „Der Josa mit der Zauberfidel", Janosch / Parabel
7. „Gute Reise bunter Hahn", von E. Carle / Gerstenberg
8. „Ich hab' die Geige klingen sehn", von E. Carle / Stalling
9. „Die kleine Grille singt ihr Lied", von E. Carle/Gerstenberg
10. „Was ist das?" (Fühlbilderbuch), von V. A. Jensen, D. Woodbury Haller / Verlag Sauerländer
11. „Frederick", von L. Lionni / Middelhauve

109

WIR

Übungsschwerpunkte: Rollenspiel – Bewegungsgestaltung – musikalische Gestaltung

Geeignete Bilderbücher

▶ Bilderbücher zum Nachspielen mit Musik und Bewegung:

12. „Die Heinzelmännchen von Köln", von August Kopisch und Horst Lemke/ C. Bertelsmann
13. „Tille und die Mauer", von Leo Lionni / Middelhauve
14. „Mäuse Märchen/Riesengeschichten" – ein halbes Bilderbuch, von Annegret Fuchshuber / Thienemann
15. „Vom Maulwurf, der wissen wollte, wer ihm auf den Kopf gemacht hat", von Werner Holzwart und Wolf Erlbruch / Peter Hammer Verlag
16. „Lauf weiter, kleiner Wumbo", von Barbara Cratzius und Pieter Kunstreich/ Herder
17. „Das Traumfresserchen", von Michael Ende und Annegret Fuchshuber/ Thienemann
18. „Eine Geburtstagstorte für die Katze", von Sven Nordquist / Oetinger

110

WIR

Stabsteif

Übungsschwerpunkte: Anpassung – Einordnung
Führen und Folgen
Tanz
Spielregeln

▶ Die Kinder stehen im Raum und beobachten, was der Leiter mit einem Stab macht (drehen, wanken, legen, rollen, auftippen). Die Bewegungen sollen mitgemacht werden.
Varianten/Alternativen: Anstelle des Leiters bewegt ein Kind den Stab. Musik „Zulu meeting" von S. Fink dazunehmen und durch Wiederholungen bestimmter Motive einen kleinen Tanzablauf entwickeln.
Material: Stab, Cassettenaufnahme („Zulu meeting", S. Fink, siehe Nr. 8)

111

WIR

Fisch an der Angel

Übungsschwerpunkte: Anpassung
Gemeinsamkeit
Spielregeln

▶ Die Kinder sitzen in einer Reihe an der Wand und ziehen gleichzeitig an Seilen angebundene Reifen zu sich heran. Aufgabe ist es, daß die Reifen immer in gleicher Höhe bleiben sollen und somit kein Kind schneller oder langsamer ziehen soll als das andere. „Nur gemeinsam kann der Fisch aus dem Wasser gezogen werden." Die Musik (z. B. „Largo" von Händel) unterstützt das Tempo.
Varianten/Alternativen: Auch ohne Musik ausführbar. Schwerer: Musik verwenden, die kein einheitliches Tempo hat, z. B.: „In der Halle des Bergkönigs", Peer Gynt-Suite, E. Grieg.
Bemerkung: Diese Übung erfordert ein hohes Anpassungsvermögen. Deshalb ggf. auch kleinere Gruppen bilden. Besser für Schulkinder.
Material: Reifen, Seile, Cassettenaufnahmen („Largo" von Händel, „In der Halle des Bergkönigs", Peer Gynt-Suite, E. Grieg)

112

WIR

Übungsschwerpunkte: Rücksicht – Umsicht
Anpassung – Einordnung

Reifen als Schlitten

▶ Die Kinder ziehen einen am Seil angebundenen Reifen hinter sich her (Vorstellungshilfe: „Ein Eskimo zieht seinen Schlitten"). Achtung! Trotz Bewegungstempo (durch musikalische Untermalung steuern) sollen die Schlitten nicht zusammenstoßen. Auf ein bestimmtes Klangsignal hin, „steigen alle Eskimos schnell auf ihre Schlitten auf" (in die Reifen hineinhüpfen).

Varianten/Alternativen:
Eine Kette aus Schlitten bilden: Die Kette soll sich sehr langsam in Bewegung setzen.

Bemerkung: Wenn die Kinder dabei zu unachtsam werden, weitere Spielregeln aufstellen, z. B.: „Der Reifen muß immer am Boden bleiben."

Material: Reifen, Seile, Instrumente

113

WIR

Übungsschwerpunkte: Koordination – Reaktion
Raumerfahrung – Selbsterfahrung

Nase zur Tür – Fuß zum Fenster

Vorbereitung: Die Kinder haben den Raum genau betrachtet und viele Einzelheiten erkannt (Lichtschalter, Steckdose, Lampe, ggf. Fleck usw.).

▶ Zum rhythmischen Spiel auf Percussionsinstrumenten (Leiter) bewegen sich die Kinder frei im Raum. Wird der Rhythmus von einem Einruf, z. B.: „Nase zur Tür", unterbrochen, sollen alle Kinder aus ihrer momentanen Position heraus auf den entsprechenden Raumpunkt mit dem genannten Körperteil zeigen.

Bemerkung: Ggf. Tips geben, wenn Balancepositionen nötig werden.

Material: Instrumente

114.

WIR

Übungsschwerpunkte: Spielregeln
Bewegungsfreude
Reaktion – Umschalten

Schnell ändert sich das Wetter!

Vorbereitung: Die Kinder fragen, ob ihnen das Spiel: „Feuer-Wasser-Luft“ bekannt ist. Folgende Spielregeln absprechen:

▶ bei Einruf: Regen = „sich irgendwo unterstellen oder verkriechen“
bei Einruf: Sturm = „sich aneinander festhalten“
bei Einruf: Blitz = „sich flach auf den Boden legen“

Zwischen den Einrufen bewegen sich die Kinder frei im Raum, so, „als ob sie im Sonnenschein durch einen Park spazieren“.
Varianten/Alternativen: Die Einrufe können später durch musikalische Signale ersetzt werden. Es können auch noch weitere Einrufe mit entsprechenden Reaktionen erfunden werden, z. B. „Donner“ oder „Regenbogen“. Hierzu paßt auch als Hörbeispiel ein Ausschnitt aus der „Pastorale“ von L. v. Beethoven, „Gewitter“. (siehe Nr. 8).
Material: ggf. Instrumente

115

WIR

Übungsschwerpunkte: Koordination – Reaktion
Verhaltensinitiativen (etwas beschützen)
Spielregeln

Kastanien beschützen

Vorbereitung: Die Kinder haben Kastanien bei geschlossenen Augen ertastet und probiert, was man damit alles machen kann; evt. haben sie ein Lied über die Kastanie kennengelernt (Nr. 144).

▶ Jedes Kind legt seine Kastanie auf einen bestimmten Platz am Boden (man soll noch drumherumlaufen können). Mit der Vorstellung, „die Kastanie sei der Samen für einen Kastanienbaum, den die Kinder vor einem Eichhörnchen zu beschützen hätten, das die Kastanie wegknabbern möchte“, beginnt das Spiel. Die Kinder bewegen sich zur musikalischen Untermalung (Leiter) um die verteilt liegenden Kastanien herum. Sobald ein „Knabbergeräusch“ (z. B. Maracas) zu hören ist, gilt es, seine Kastanie so schnell wie möglich mit einem Körperteil (Hand, Fuß, Wange usw.) abzudecken, zu „beschützen“.
Bemerkung: Ggf. müßten Vorstellungshilfen gegeben werden, warum sich die Kinder überhaupt von der Kastanie entfernen sollen (z. B. Gießwasser holen ...).
Material: Kastanien (auch mit kleinen Bällen o. ä.)

116

WIR

Übungsschwerpunkte: Entscheidungsfähigkeit
Einfühlungsvermögen

Wo steigst du mit ein?

Vorbereitung: Die Kinder haben verschiedene Fahrzeuge in Bewegung dargestellt (siehe Nr. 87).

▶ Ein Kind wird für eine kurze Zeit in den Vorraum geschickt. Die anderen Kinder erhalten ein Kärtchen mit einer Fahrzeugabbildung, welche sie jeweils zu zweit am Platz darstellen sollen (z. B. eine entsprechende Haltung einnehmen oder mit typischen Handbewegungen). Wenn alle Kinder „in ihren Fahrzeugen sitzen", können Vermutungen angestellt werden, in welches Fahrzeug das Kind, das im nächsten Moment wieder hereingeholt wird, möglicherweise einsteigen wird. Wer mit seiner Vermutung richtig lag, darf als nächstes den Raum verlassen.

Bemerkung: Es können auch Reifen von den Kindern als Fahrzeuge im Raum verteilt werden für den Fall, daß es ihnen Mühe macht, so lange als „Fahrzeug" an einem Ort verharren zu müssen.

Material: ggf. Reifen, Kärtchen mit Fahrzeugabbildungen

117

WIR

Übungsschwerpunkte: Entscheidungsfähigkeit
Selbständigkeit
Einfühlungsvermögen
Raumbewußtsein

Wohin will ich?

Vorbereitung: Die Kinder haben den Raum genau betrachtet und darüber geredet, was ihnen alles am Raum auffällt.

▶ Alle Kinder laufen im vorgegebenen Tempo (Handtrommel, Bongo o. ä.) kreuz und quer durch den Raum und sollen bei „Stop" schnell das umsetzen, was eingerufen wird, z. B.:

- „Schnell dorthin stellen, wo sich bestimmt keiner hinstellen wird."
- „Schnell dorthin laufen, wo sich bestimmt alle treffen."
- „Schnell dorthin laufen, wo es am kuscheligsten ist."
- „Schnell dorthin laufen, wo man den Raum am besten überblicken kann (am besten alle sehen kann)."

Varianten/Alternativen: Zu jedem Einruf ertönt ein Klangzeichen (verschiedene Instrumente), welches die Kinder sich merken sollen. Bei wiederholtem Durchgang erklingt dann nur noch das Klangzeichen.

Bemerkung: Den Kindern muß klar sein, daß sie die Raumorte nach dem eigenen Gefühl aussuchen sollen.

Material: Instrumente mit unterschiedlichen Klangfarben

118

WIR

Übungsschwerpunkte: Kennenlernen der Namen, Vorlieben und Interessen der anderen erfahren, Kontakt aufnehmen

Ein kleines Pläuschchen halten

▶ Jedes Kind geht zur (Flöten)melodie des Leiters eigenständige Wege durch den Raum. Wenn die Melodie unterbrochen wird, treffen sich je 2 Kinder (oder auch 3, falls die Anzahl nicht aufgeht) und „halten ein kleines Pläuschchen" solange, bis die Melodie wieder einsetzt. Der Leiter ruft jeweils vorher ein, worüber sich die Paare unterhalten sollen, z. B. über: ihre Namen, ihre Lieblingsfarben, ihre Lieblingsspiele, -kleidungsstücke, -speisen, -lieder usw.
Nach einigen Durchgängen versammeln sich alle im Sitzkreis und erzählen sich, was sie noch voneinander wissen.
Varianten/Alternativen: Die Melodie im Tempo und Charakter so verändern, daß die Kinder dazu animiert werden, entsprechend unterschiedliche Tempi und Fortbewegungsarten zwischen den Begegnungen auszuführen.
Material: Evtl. Flöte oder anderes Melodieinstrument für den Leiter

119

WIR

Übungsschwerpunkte: Bewegungsphantasie
Bewegungsfreude
Vorstellungsvermögen

Gebackene Plätzchen

Vorbereitung: Die Kinder hatten Gelegenheit, Plätzchenbackformen zu ertasten (Nr. 11).
▶ Mit der Vorstellung, „wie Kuchenteig im Rührtopf gerührt zu werden", laufen die Kinder schwerfällig oder leicht (je nach Festigkeit der Teigmasse) im Kreis herum (Begleitung auf der Handtrommel). Folgender Vers wird eingerufen: „Ene-mene-macken, die Plätzchen sind gebacken!" Beim Stichwort „gebacken" bleiben alle Kinder auf der Stelle „wie ein gebackenes Plätzchen" in einer plätzchenformähnlichen Haltung stehen.
Varianten/Alternativen: Es könnte auch vorgegeben werden, in welcher Form die Plätzchen gebacken sein sollen. Die „stillstehenden Plätzchen" können dann auch noch mit Puderzucker (Handtrommelgeräusch direkt über den Köpfen der Kinder) überstreut werden.
Material: Backförmchen, Handtrommel

120

WIR

Übungsschwerpunkte: Bewegungsfreude
Bewegungsphantasie
Bewegungsgestaltung

Bäume

Vorbereitung: Mit den Kindern Fotos von verschiedenen Baumarten betrachten und dabei auf die Formen achten (Trauerweide, Tanne, Palme, Eiche usw.).
▶ Zur musikalischen Untermalung bewegen sich die Kinder frei im Raum. Sobald die Musik abbricht, soll jeder sich ganz klein machen „wie ein Samenkorn". Danach ertönt eine Tonleiter aufwärts (Xylophon o. ä.), zu der die Kinder „wachsen". Am Ende soll die Körperhaltung mit einem Baum vergleichbar sein und u.U. sogar einer bestimmten Baumart ähneln.
Varianten/Alternativen: Unterschiedliche Baumarten könnten durch Einrufe oder mit Klangsignalen bestimmt werden (z. B. Xylophontonleiter = Tanne, Glockenspieltonleiter = Eiche usw.).
Bemerkung: Bei kleineren Kindern die Baumformen nicht so wichtig nehmen, sondern eher den Vorgang des „Wachsens".
Material: Fotos/Abbildungen von verschiedenen Bäumen, Instrumente (Xylophon, Glockenspiel, Flöte u. ä.)

121

WIR

Übungsschwerpunkte: Bewegungsphantasie
Einigung in der Gruppe

Schnell! Den Korb gebaut!

Vorbereitung: Gespräch führen über die Einrichtung und Warenaufbauten im Lebensmittelgeschäft (Regale, Theken, Körbe usw.).
▶ Die Kinder haben die Aufgabe, gemeinsam einen großen Korb, dann ein Regal und schließlich eine Pyramide (Vorstellungshilfe: am Obststand aufgetürmte Melonen) aufzustellen. Der Leiter soll erst wieder hinschauen, wenn die entsprechenden Lebensmittelmarktmöbel fertig sind.
Varianten/Alternativen: Hierzu folgendes Rollenspiel probieren: Ein Kunde geht durchs Geschäft einkaufen und trällert ein Liedchen dazu. Nach jeder Liedstrophe haben die anderen Kinder a) das Regal, b) den Korb und c) die Melonenpyramide gebaut. Aus der Melonenpyramide zieht der Einkäufer am Ende die unterste Melone heraus, so daß alles auseinanderpurzelt, wogegen er vorher die imaginären Waren aus dem Regal und dem Korb ohne Probleme (pantomimisch) entnehmen konnte.

122

WIR

Übungsschwerpunkte: Bewegungsphantasie
Darstellungsfähigkeit
Gemeinsamkeit – Rollenspiel

Lebendige Möbel

▶ Im Raum ist ein großes Viereck aufgeklebt oder mit Seilen gelegt, welches den Umriß eines Hauses darstellt. Die Kinder sollen sich Möbelstücke überlegen, die sie darstellen können (Sofa, Bett, Schrank usw.). Der Reihe nach tritt dann jedes Kind in das Haus und zeigt, welches Möbelstück es sich ausgedacht hat (durch bestimmte Körperhaltung/Position). Die anderen Kinder raten.
Varianten/Alternativen: Größere Möbelstücke könnten auch zu zweit, zu dritt oder mit der ganzen Gruppe nachgestellt werden. Folgendes Rollenspiel könnte dann hinzukommen: Ein Kind spielt den Hausbewohner, dessen Möbel jeweils während seiner Abwesenheit „verrückt spielen". Kommt „der Mann" nach Haus, stehen die Möbel richtig im „Haus", und er kann sie benutzen (z. B. Schranktür öffnen, sich ins Bett legen usw.).
Material: Kreppband oder Seile

123

WIR

Übungsschwerpunkte: Geordnete Bewegungsabläufe
Gemeinsamkeit

„Der Adler"
Vers als Bewegungsanregung

Ein Adler flog mal ganz allein,
zog plötzlich seine Flügel ein,
da fiel er in das grüne Gras
und pickte sich dort was.
Dann spannte er die Flügel
und flog über den Hügel.
(S. Vollmar/S. Vliex)

▶ Die Kinder probieren aus, wie sie den Adler mit den Händen darstellen können. Sobald sie passende Bewegungszeichen für fliegen, ins Gras fallen, picken usw. gefunden haben, wird der Vers erneut gesprochen und mit Bewegung begleitet.

Varianten/Alternativen: Es könnte später auch nach ganzkörperlichen Umsetzungsmöglichkeiten gesucht werden. Ein Kind könnte die Bewegungsvorgänge auf einem Instrument begleiten.
Material: Instrumente

124

WIR

Übungsschwerpunkte: Bewegungsphantasie
Gemeinsamkeit
Verhaltensalternativen

Sich verwandeln

Vorbereitung: Die Kinder erfahren im Gespräch (auch Fotos zeigen, wenn vorhanden), wie Tiere sich während des Wachtums verwandeln (z. B. Raupe – Schmetterling). Es werden zwei Gruppen gebildet : Gruppe Ⓐ schaut zu, und Gruppe Ⓑ bewegt sich. Danach wird gewechselt.
▶ Die Kinder haben verabredet, welche „Verwandlung“ sie zeigen wollen (z. B. Kaulquappe – Frosch). Zur musikalischen Untermalung (Leiter) beginnen sie z. B. mit Schwimmbewegungen, die allmählich ruckartiger werden und im Hüpfen enden. Die anderen Kinder sollen erraten, was es war, um danach selbst eine „Verwandlung“ darzustellen.
Varianten/Alternativen: Auch Pflanzen und sogar Menschen können sich verwandeln. Insofern könnte auch die Verwandlung einer Charaktereigenschaft oder Stimmung dargestellt werden (z. B. Wut – Freude, Trauer – Glück, Einsamkeit – Gemeinschaft usw.).
Bemerkung: Für Schulkinder.
Material: ggf. Fotos von Raupe und Schmetterling o. ä.

125

WIR

Übungsschwerpunkte: Geordnete Bewegungsabläufe –
Bewegungsfreude
Gemeinsamkeit

„Krabbelkäfer Willibald“

Vers als Bewegungsanregung

Der Krabbelkäfer Willibald kroch in dem Gras herum.
Da kam ein starker Regenguß und warf den Willi um.
Danach kam dann ein Sausewind und stellt' ihn wieder hin.
Und Willi sah sich ratlos um, verwirrt war nun sein Sinn.
Nur Gras, nur Gras, sonst sah er nichts, doch Willi war nicht dumm.
Er sperrte seine Ohren auf und hörte sich mal um.
So fand der Krabbelkäfer bald den Weg zurück nach Haus.
Dort legte er sich in sein Bett und schlief sich richtig aus! *(S. Vliex/R. Klöppel)*

▶ Die Kinder bewegen sich „als Krabbelkäfer Willibald“ so, wie es im Vers erzählt wird.
Varianten/Alternativen: Anstelle der Sprache kann mit der Zeit auch eine Instrumentalbegleitung (Handtrommel) den Ablauf begleiten. Auch eine rein musikalische Nachgestaltung auf Instrumenten mit allen Kindern ist möglich.
Material: ggf. Handtrommeln für alle Kinder

126

WIR

Übungsschwerpunkte: Geordnete Bewegungsabläufe
Gemeinsamkeit

„Das Gegenteil"

Verse als Bewegungsanregung

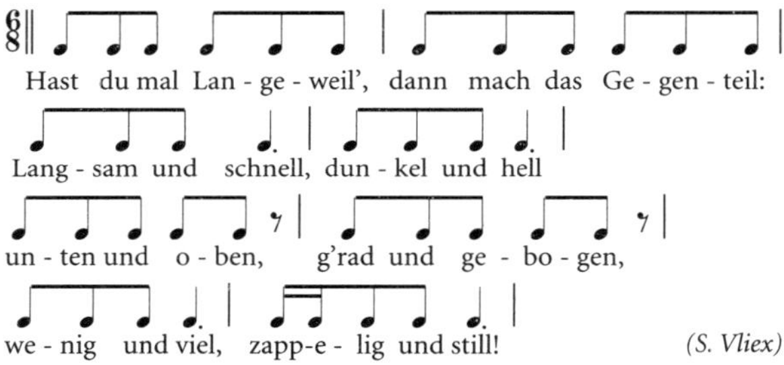

(S. Vliex)

▶ Die Kinder erfinden zunächst Handzeichen und später auch ganzkörperliche Umsetzungsmöglichkeiten, um den Text darzustellen.
Varianten/Alternativen: Den Versreim musikalisch gestalten.
Material: ggf. Instrumente

127

WIR

Geschichte von Herrn Gegenteil

(schriftlicher Entwurf für freie Erzählung)

▶ Gestern begegnete mir ein Mann, der lief mit aufgespanntem Regenschirm durch die Stadt, obwohl es doch gar nicht geregnet hatte. Das wäre noch gar nicht so komisch gewesen, aber der Mann hatte nur eine Badehose an, keinen Mantel, keine Schuhe, gar nichts außer der Badehose.
Das hat mich so gewundert, daß ich hinter dem Mann hergegangen bin. Da habe ich gemerkt, daß er auch sonst immer das Gegenteil von dem machte, was die anderen Menschen taten.
Wenn er über die Straße ging, guckte er nach rechts, dann nach links, und dann ging er sogar los, obwohl ein Auto kam, das glücklicherweise gerade noch bremsen konnte. Schließlich kam er zu einem Supermarkt, in den er hineinging. Da sah ich, daß er aus seiner Tasche 1 Pfund Mehl nahm und es ins Regal stellte und genauso ein Stück Butter, eine Dose Erbsen und zum Schluß noch eine Tafel Schokolade. Dann ging er wieder raus, und ihr werdet es euch schon denken, er ging nicht wie die anderen Menschen, sondern er ging immer rückwärts, und dann kam das Erstaunlichste, er holte aus seiner Tasche ein paar Rollschuhe und schnallte sie sich – ihr werdet es kaum glauben – an die Hände, und husch, schneller als ich laufen konnte, sauste er mit den Rollschuhen an den Händen rückwärts davon. *(R. Klöppel)*

128

WIR

Übungsschwerpunkte: Spannung und Lösung erleben
Bewegungsfreude – Spielfreude
Einordnung in feste Spielabläufe
Spannungsbögen

Das Ameisenhaufenspiel

Vorbereitung: Die Kinder lernen folgenen Vers kennen und versuchen, dazu den Sprechrhythmus auf Rasseln/Maracas mitzuspielen:

Im Ameisenhaufen, da geht es heiß her,
da sieht man sie laufen in Eile gar sehr.
Denn sie müssen schuften und schleppen und mehr,
bis einer sie stört: Der Ameisenbär. *(U. Hanusch)*

▶ In der Mitte des Raumes hockt ein Kind unter einer (braunen) Decke „als Ameisenbär". Die anderen Kinder spielen die Ameisen, die sich zum gesprochenen Vers diesem „Hügel" annähern sollen. Beim Stichwort: „Ameisenbär", kommt das Kind unter der Decke hervor und versucht, eine Ameise zu fangen. Die Ameisenkinder weichen in alle Richtungen aus. Beim nächsten Durchgang spielt ein anderes Kind den Ameisenbär.
Varianten/Alternativen: Die Ameisen könnten die Zusatzbedingung erhalten, sich nur auf allen vieren bewegen zu dürfen. Eine Begleitgruppe könnte Maracas dazu spielen.
Material: Maracas, Rasseln, (braune) Wolldecke

129

WIR

Übungsschwerpunkte: Rollenspiel
Einordung – Anpassung
Selbstbehauptung
Phantasie

Die verrückte Schreibmaschine

Vorbereitung: Die Kinder hören eine Geschichte, in der die Buchstaben und Tasten einer Schreibmaschine plötzlich reden können…
▶ Ein Kind spielt den Büromann oder die Bürofrau, der/die auf der Schreibmaschine etwas tippen möchte. Die anderen Kinder stellen sich zu einer engen Gruppe zusammen. Jedes Kind stellt eine Schreibmaschinentaste dar. Sobald nun eine Taste berührt wird, muß das entsprechende Kind einen Laut/Ton/Buchstaben o. ä. von sich geben. Wenn alle Tasten einmal dran waren, kann ein anderes Kind den Büromann oder die Bürofrau spielen.
Varianten/Alternativen: Mit älteren Kindern sollte für jede „Taste" ein Buchstabe ausgesucht werden, damit ggf. richtige Wörter geschrieben werden können.
Material: Geschichte von einer verrückten Schreibmaschine (selbst ausdenken!)

130

WIR

Übungsschwerpunkte: Einordnung – Anpassung
Selbstbehauptung
Spielfreude

Die Maracasfabrik

Vorbereitung: Die Kinder haben verschiedene Spieltechniken mit Maracas ausprobiert. Nun werden sie aufgefordert, eine „Maracasprüfmaschine“ zu bauen. Dazu stellt sich jedes Kind ganz gerade hin und bildet mit beiden Händen eine lockere Faust, gerade so, daß man den Maracasstiel dort hineinschieben kann.
▶ Ein Kind spielt den „Maracasprüfmaschinenaufseher“ und stellt die einzelnen Kinder als „Prüfsäulen“ im Kreis auf. Dann werden in die „Prüfsäulen“ die Maracas hineingesteckt. Bei einem bestimmten Handzeichen setzt sich die Maschine in Betrieb (d. h., alle Kinder, die die „Prüfsäulen“ mit den Maracas in den Händen spielen, müssen nun auf der Stelle hüpfen, so daß dadurch die Maracas geschüttelt werden). Bei einem anderen Handzeichen muß die Maschine „wieder anhalten“. Danach darf auch ein anderes Kind einmal den „Maschinenaufseher“ spielen.
Varianten/Alternativen: Auch einzelne „Säulen“ einschalten. Tempounterschiede vorschlagen.
Material: Maracas

131

WIR

Übungsschwerpunkte: Singfreude
Gemeinsamkeit
Einführung in musikalische Ordnungen

Geeignete Liederbücher

▶ **Empfehlungen:**

1. „Rummelbummel“ Spiellieder für 4- bis 8jährige Kinder, von T. Lorenz/ Fidula Verlag
2. „Das Kinder-Lieder-Buch“, von G. Heidenreich/Fischer
3. „48 Kinderlieder aus aller Welt“, von M. und W. Jehn/Eres
4. „Das Liedmobil“, von D.Kreusch-Jacob/dtv junior
5. „Die Zugabe“, von H. Lemmermann/Fidula
6. „Lisa, Lolle, Lachmusik“, von Ch. Zeuch/Arena
7. „Kinderlieder zum Singen, Spielen und Bewegen“, von F. Suppanz und Ch. Schäfer/M. Schwarz Verlag, Faßberg
8. „Die Liederkommode“, von M. Küntzel-Hansen/Schroedel
9. „Ich freu mich, daß du da bist“, von R. Krenzer/Herder
10. „Gut, daß es dich gibt“, von R. Krenzer/Herder
11. „Die singende Hyäne“, F. Janosa/Eres 2223
12. „Der Fernseher ist kaputt“, R. Schneidewind/Edition Helbing – Innsbruck

132

WIR

Übungsschwerpunkte: Rollenspiel
Einordnung in feste Spielabläufe
Vorstellungsvermögen
Einfühlungsvermögen

Anruf bei der Feuerwehr

Vorbereitung: Es werden zwei Gruppen gebildet. Gruppe Ⓐ spielt die Feuerwehr (Ausgangspunkt in einer Raumecke), Gruppe Ⓑ spielt das „brennende Haus" (Raummitte). Ein Kind bekommt die Rolle des „Anrufers".

▶ Der Spielablauf beginnt damit, daß ein brennendes Haus von Gruppe Ⓑ z. B. mit Tüchern, die wie Flammen bewegt werden, dargestellt wird. Danach erfolgt der Dialog am Telefon (s. Nr. 133). Zum Schluß braust die Feuerwehr (Gruppe Ⓐ) herbei, um das brennende Haus zu löschen.

Varianten/Alternativen: Die Feuerwehrgruppe muß erst einen vorgegebenen Raumweg (z. B. dreimal im Kreis o. ä.) fahren, bevor sie ihr Ziel erreicht.

Bemerkung: Das Spiel bei jeder Wiederholung in anderer Rollenaufteilung versuchen. Notfalls mit Auszählen einteilen.

Material: Tücher (gelb, orange), ggf. Claves als Telefon, ggf. Seil als Schlauch für die Feuerwehr

133

WIR

Übungsschwerpunkte: Rollenspiel
Einordnung in feste Spielabläufe
Gedächtnisleistung

Anruf bei der Feuerwehr

Dialog:

Anrufer:
Hallo, ist dort die Feuerwehr?
Hier brennt es, kommen sie schnell her!
Der Rauch steigt aus dem roten Haus
im Wassergässchen 4 bei Kraus.
Feuerwehr:
Genau verstanden, alles klar!
Wir sind in 3 Minuten da!

(S. Vliex)

Rollenspielablauf hierzu siehe Nr. 132.

134

WIR

Übungsschwerpunkte: Rollenspiel
Einfühlungsvermögen
Rücksicht
Verhaltensalternativen

Rollenspiele mit sozialen Schwerpunkten

▶ **Vorschläge**

1. Nachspielen der Geschichte: „Der Josa mit der Zauberfidel" (siehe hierzu Lied Nr. 156)
2. Nachspielen der Geschichte: „Pezzettino"
3. Nachspielen der Geschichte: „Frederick"
4. Nachspielen der Geschichte: „Swimmy"

Bemerkung: Bei allen Rollenspielen sollte der Leiter die Erzählerrolle übernehmen. Außer der Verteilung der einzelnen Rollen müssen vorab auch die verschiedenen „Spielorte" im Raum sowie nötige Requisiten ausgesucht werden.
Material: (je nach Geschichte) Bühnenbild, Verkleidung, Requisiten, Instrumente

135

WIR

Übungsschwerpunkte: Rollenspiel
Einfühlungsvermögen
Rücksicht
Verhaltensalternativen kennenlernen

Rollenspiele mit sozialen Schwerpunkten

▶ **Vorschläge**

5. „Selina, Pumpernickel und die Katze Flora", von Susi Bohdal / Nord-Süd Verlag
6. „Stück für Stück", von Leo Lionni/Middelhauve
7. „Wo die wilden Kerle wohnen", von Maurice Sendac / Diogenes (Siehe hierzu auch Lied Nr. 159)
8. „Ich will, ich will, ich will" von Tony Ross / Carlson
9. „Ist dieses Tier nützlich hier?"von M. Waddell / Oetinger
10. „Irgendwie anders" von K. Cave u. Ch. Riddell / Oetinger
11. „Ritter Rost" von F. Janosa u. J. Hilbert / Con Brio

Bemerkung: wie bei Nr. 134.
Material: wie bei Nr. 134.

136

WIR

Übungsschwerpunkte: Rituale als Ordnungsprinzip
Gemeinsamkeit

▶ **Abschiedslied** *U. Fröhlich*

▶ **Abschiedssprüche**

1. Eins, zwei drei: die Stunde ist vorbei!
   Eins, zwei, drei, vier: nächste Woche wieder hier! *(B. Böhm/S. Kittel)*

2. Wir müssen wieder gehn,
   die Stunde ist vorbei.
   Na dann: Auf Wiedersehn,
   Adieu, und Tschüß, bye-bye! *(S. Vliex)*

3. Die Stunde ist um,
   Jetzt steh'n wir hier rum!
   Warum steh'n wir noch?
   Geh'n wir doch! *(Illichmann/Vliex)*

137

WIR

Übungsschwerpunkte: Rituale als Ordnungsprinzip
Gemeinsamkeit

▶ **Begrüßungslied** *R. Klöppel/S. Vliex*

▶ **Abschiedslied**

138

WIR

Übungsschwerpunkte: Transferleistung: (Hören – Malen) Gemeinsamkeit

Wir malen das Wetter

Vorbereitung: Die Kinder haben verschiedene Musikbeispiele zum Thema „Wetter“ (siehe Nr. 8) gehört und darüber gesprochen/bzw. sich dazu bewegt.
▶ Eine große Rolle Malpapier wird ausgebreitet, und jedes Kind sucht sich daran einen Malplatz. Es soll ein gemeinsames „Wetterbild“ entstehen, wobei zwischen jedem Musikausschnitt eine kleine Pause zum Farbenwechseln gegeben ist. Gemalt werden kann alles, was mit Wetter zu tun hat: Regentropfen, Sonnenstrahlen, Schneeflocken, Hagelkörner, Regenbögen, Blitze usw. Nach dem Malen wird das Bild an die Wand gehängt und betrachtet.
Bemerkung: Diese Aktion am besten am Ende einer Stunde einbringen (mit Schulkindern)
Material: große Rolle Malpapier, Farbstifte, Tesa, Musikcollage: „Wetter“ (siehe Hörbeispiel Nr. 8)

139

WIR

Übungsschwerpunkte: Rollenspiel mit Musik

Picknick mit Gewitter

▶ Alles, was im folgenden schräg gedruckt ist, soll von den Kindern mit Zeitungen in ein Rollenspiel umgesetzt werden:
An einem schönen Sommertag *packten* alle Mitglieder der Familie Fröhlich *ihre Sachen unter den Arm und gingen los* zur Waldwiese. Sie wollten dort ein Picknick machen. Schon nach kurzer Zeit *fanden sie einen schönen Platz und breiteten ihre Decken aus.* Es war heiß. Zum Glück hatten einige einen *Fächer* dabei. Damit konnte man sich wenigstens ein bißchen *Luft zuwedeln.* Die Kinder *spielten Ball,* ihnen machte die drückende Hitze nichts aus. Andere *saßen faul herum und lasen Zeitung.* Nach einiger Zeit *wurden die Butterbrote ausgepackt und genüßlich verspeist.* Doch plötzlich ... (der Musikausschnitt wird eingeblendet) ... am Himmel zogen schwarze Wolken zusammen: ein Gewitter! *Nichts wie weg! Doch halt! Erst mußten noch die Decken, Zeitungen, Butterbrote, Bälle und Fächer zusammengepackt werden.* An einer Scheune konnte Familie Fröhlich *sich unterstellen,* bis das Gewitter vorbei war.
Bemerkung: Beim Erzählen sollten den Kindern Zeitspielräume gelassen werden, damit die geforderten Handlungen ausgeführt werden können. Die Blitze und Donnerschläge der fortlaufenden Musik können durch „erschrockenes Hinzeigen in alle Himmelsrichtungen“ dargestellt werden. Wenn sich die Spannung in der Musik wieder „aufklärt“, kann das Rollenspiel entweder beendet oder auch erfinderisch fortgesetzt werden (indem man z. B. die Picknicksachen wieder ausbreitet...).
Material: Zeitungen, CD oder Cassette Beethovens Pastorale, Sinfonie Nr. 6, 4. Satz

140

WIR

Übungsschwerpunkte: Singfreude
musikalisches Vorstellungsvermögen
Konzentration

Lied mit Lücken

Vorbereitung: z. B. durch Nr. 30, 31, 49 oder 55.
▶ Die Kinder betrachten die Bildkärtchen (siehe Nr. 141) und ordnen sie dem Text des Liedes: „A, B, C, die Katze lief im Schnee“ zu. Danach wird das Lied gemeinsam gesungen, wobei die Kärtchen der Reihe nach mit dem Blick verfolgt werden können. Nun wird eine (oder zwei) Karte(n) verdeckt auf den Boden gelegt. Beim erneuten Singen des Liedes soll genau an dieser Stelle der Melodie nicht gesungen werden, d. h., „das Lied soll dort eine Lücke haben“, danach geht das Lied normal weiter.
Varianten/Alternativen: Immer wieder andere Kärtchen umdrehen. Evt. auch probieren, bis auf 2 Kärtchen alle umzudrehen und nur dann singen, wenn die Textstelle der beiden Kärtchen an der Reihe ist (Tip: „Stumm singen“).
Material: Bildkärtchen zum Lied (Nr. 141 kopieren und ✂)

141

142

WIR

Übungsschwerpunkte: Singfreude
Gemeinsamkeit
Einfügung in musikalische Ordnungen

Gemeinsames Singen

▶ **Spielideen zum Singen**

a) „Echosingen“: Der Leiter singt vor, die Kinder singen leise „als Echo“ nach.

b) „Wechselsingen“: Der Leiter singt ein Stück alleine. Sobald er aufhört, setzen die Kinder ein. Beginnt der Leiter erneut zu singen, hören die Kinder wieder auf usw.

c) „Wachsen“ beim Singen: Alle beginnen in der Hocke leise zu singen und „wachsen“ dabei in die Höhe. Je größer man wird, desto lauter wird der Gesang, und umgekehrt.

d) „Singender Spaziergang“: Sobald die Melodie allen bekannt ist, geht jeder gleich mit Beginn des Liedes durch den Raum und soll am Ende des Liedes wieder im Sitzkreis sein (siehe Nr. 26).

e) „Stummes Singen“: Ein bekanntes Lied nur an den Lippenbewegungen erraten.

f) „Tonausfall“: Ein Lied in normaler Lautstärke singen, doch bei einem bestimmten Handzeichen plötzlich den „Ton abstellen“ und stumm weitersingen, bis der Ton wieder eingestellt wird (siehe Nr. 140).

g) „Singen in 2 Gruppen“: Z. B.: „Es klappert die Mühle am rauschenden Bach“ (Gruppe A), „Klipp, Klapp“ (Gruppe B).

h) „Singen mit verschiedenen Ausdrucksarten“: Z. B. müde, frisch, aufgeregt, traurig, unentschlossen usw.

i) „Singen mit Schlußergänzungen“: Der Leiter singt den Anfang einer Liedphrase, die Kinder ergänzen das Schlußwort/den Schlußteil.

j) „Singen wie andere Wesen“: Wie Zwerge, Riesen, Roboter, Aufziehpuppen, Hexen, Marsmännchen usw.!

k) „Singen mit Mikrophon“: Live oder im Play back! (Claves „als Mikrophon“ verwenden).

l) „Singen mit Zeichensprache“: Die Textaussage mit Handzeichen und allen möglichen Gesten unterstützen.

m) „Singen mit Rhythmusbegleitung“: Z. B. Körpergeräusche unterstützend einbauen oder auf Instrumenten mitspielen.

n) „Immer mehr Kinder singen mit“: Einer beginnt zu singen, beim vereinbarten Zeichen steigt der nächste mit ein usw., bis zum Schluß alle gemeinsam singen.

o) „Singen mit Soloeinlagen“: Z. B.: Die Strophe wird von allen Kindern, der Refrain nur von einem Kind gesungen.

p) „Gesang auf Cassette aufnehmen“.

Kinderlieder

143 Schritt für Schritt

Text: S. Vliex Musik: F. Emonts

Siehe hierzu auch Nr. 107.

144 Kastanienlied

Text: F. Suppanz Musik: Ch. Schäfer

2. Hörst du den Ball jetzt auf den Boden fallen vom
Baum, der nun Blatt um Blatt verliert;
der Wind hat ihn vom Ast geweht, und
knackend oder raschelnd prallt er auf.

3. Du siehst den Ball jetzt weiß und offen leuchten unterm
Baum, der noch viele Bälle wirft;
nicht weit davon liegt klein und braun die
Kastanie, die aus der Hülle sprang.

4. Du spürst sie rund und feucht in deinen Händen
gemasert wie ein Holz, doch nicht so hart;
sie ist ein Keim in einem Kleid: wenn
du sie eingräbst, wächst ein neuer Baum.

Siehe hierzu auch Nr. 102 und 115

145 Der Würfel

Text und Musik: S. Vliex

2. Die Muster auf dem Würfel, die bringen Pech und Glück.
Doch sind sie erst gefallen, dann gibt es kein Zurück!
Gleich werden wir es wissen, dann sehen wir das Bild: Eins, zwei…

3. Hast du des Würfels Punkte schon einmal durchgezählt?
Die Ecken und die Kanten, über die er so oft fällt?
Seit über tausend Jahren geht er von Hand zu Hand: Eins, zwei…

Siehe hierzu auch Nr. 103.

146 Riese, Zwerg und Zauberer

Text: F. Suppanz Musik: C. Schäfer

3. Der Zaub'rer Mario, der lacht,
wenn er sein Zauberspielchen macht,
die großen Riesen macht er klein,
die Zwerglein läßt er Riesen sein.
oder:
Der Zaub'rer Mario ist nicht
ein großer Kerl ein kleiner Wicht
doch groß und klein, das wird er fix,
verwandelt sich mit Zaubertricks.

Siehe hierzu auch Nr. 34.

147 Das Tuchgespenst

Text: S. Vliex, J. Lanz, C. Schäfer
Musik: C. Schäfer © bei den Autoren

▶ Spielidee: Einen Tüchertanz zum Lied erfinden! Z. B. die Tücher als wehendes Gespensterkleid hin- und herschwingen. Am Ende des Liedes könnte das Tuch als Kopfkissen dienen

148 Spaziergang mit dem Zeigefinger

Text und Musik: S. Vliex

1. Mein Zei - ge - fin - ger ging spa - zier'n und
2. Mein Zei - ge - fin - ger ging spa - zier'n und
3. Mein Zei - ge - fin - ger, der ging dann nach

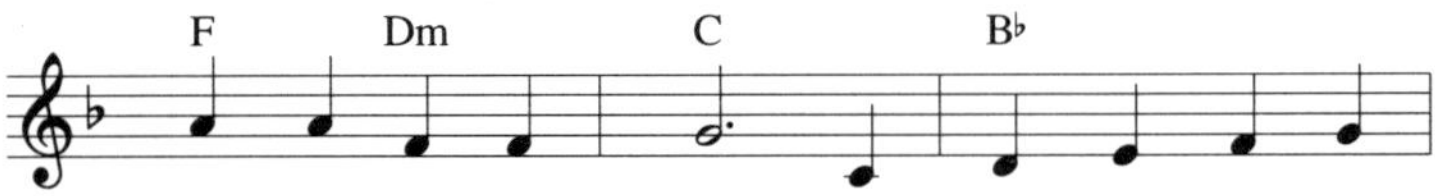

lief bis hin zum Knie, dies freu - te sich ganz
kroch bis zu den Fü-ßen, die trap - pel - ten so -
o - ben bis zur Zung', doch die wollt' ih - re

kö - nig - lich und wak - kel - te wie nie!
fort ganz wild, um ihn nett zu be- grü-ßen!
Ruh' und sprach: „Hau ab, mein lie-ber Jung'!"

Wak - kel, wak - kel, wak - kel, wak–...
Trap - pel, trap - pel, trap - pel, trap–...
Bab - bel, bab - bel, bab - bel, bab–...

4. Mein Zeigefinger schlich sich dann
ganz heimlich bis zum Bauch
der übte fleißig kreisen, das konnt' der Finger auch.

5. Mein Zeigefinger ging zuletzt
den Weg zur and'ren Hand
er kroch so tief in sie hinein, bis er in ihr verschwand.

Siehe hierzu auch Nr. 86 und 113.

149 Tipp Tapp Tippetapp

Text und Musik: Karl Koch

Siehe hierzu auch Nr. 13 und 108, 3.

150 Lied vom Peter Extrem

Text und Musik: K. Koch

3. Mal war er viel zu laut,
dann wieder viel zu leise,
und wer ihm zugeschaut,
der sprach: „Der hat 'ne Meise."

4. Mal war er viel zu wach,
dann wieder viel zu träge,
mal war er viel zu schwach,
mal biß er durch 'ne Säge.

Siehe hierzu auch Nr. 65, 66. und 126.

151 Das Zorn-Verpuffungs-Lied

Text und Melodie: S. Vliex

152 Was ich alles kann

Text und Musik: S. Vliex

2. Ich kann rollen, … ich kann kriechen, alles mit der Nase riechen. Ich kann Trippelschrittchen machen, du wirst lachen, ganz allein…
3. Ich kann flitzen, … ich kann sitzen, mich auf meine Hände stützen. Ich kann wackeln, wackeln mit den Zehenspitzen, ganz allein…
4. Ich kann rückwärts gehen, auf den Zehen stehen. Und am Platz kann ich mich auf der Stelle drehen; kann mich fallenlassen und schon wieder stehen, ganz allein…

Siehe hierzu auch Nr. 64

153 Leo bleib stehn!

Melodie: Taiwanisches Fischerlied

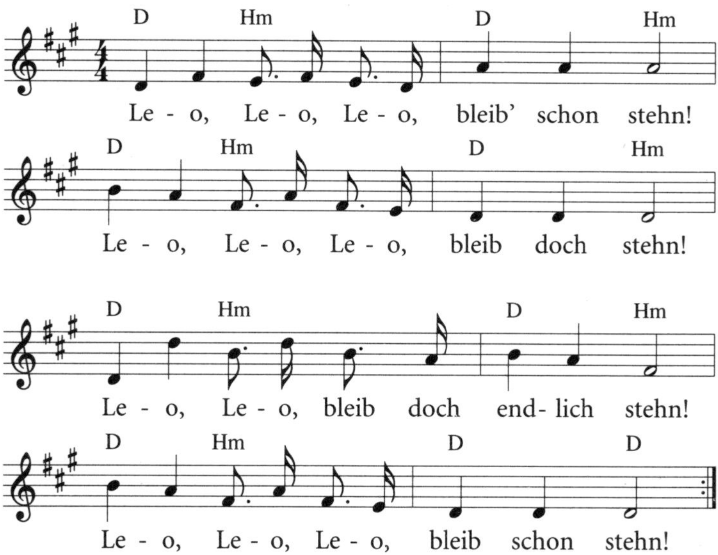

▶ Spielidee: Im Takt des gesungenen Liedes durch den Raum spazieren und immer beim Stichwort „stehn" für einen Moment stehen bleiben. Danach Richtung wechseln und weitergehen.

154 Süße Füße

Text und Musik: Frank Bockius

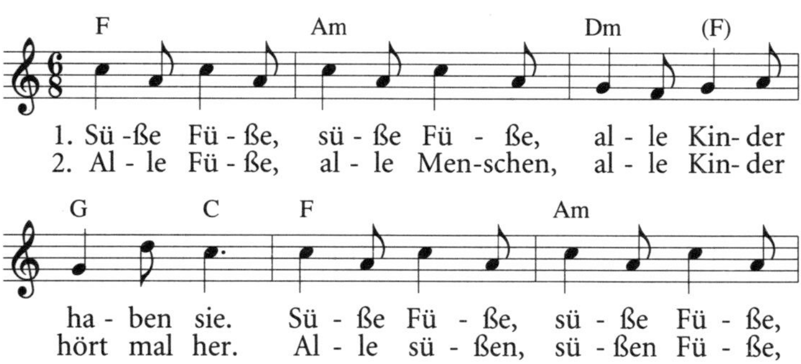

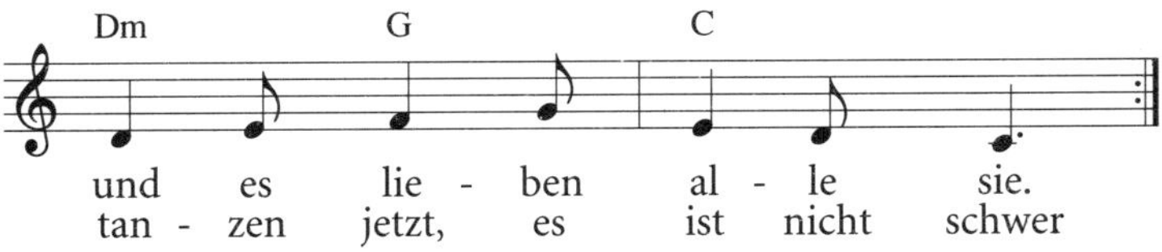

3. Susi, Otto und der Lester, sagen euch Aufwiedersehn, süße Füße, süße Füße werden nun nach Hause gehn.
4. Für euch heute hier zu spielen hat uns sehr viel Spaß gemacht, und wir hoffen ganz von Herzen, ihr habt alle mal gelacht.

Siehe hierzu auch Nr. 86.

155 Die kleine Quappe Kaul

Text: F. Suppanz Musik: Ch. Schäfer

2. Der Schwanz bleibt nicht alleine, schon kriegt die Quappe Beine, da liegt es auf der Hand: Jetzt sucht die Quappe schleunigst Land.

   Ref: Und quipp und quapp…

3. Und weil sie gerne quappelt, ist sie an Land gekrabbelt. Da macht es plötzlich klapp, da fällt das Schwänzchen ab.

   Ref.: Und quipp und quapp…

4. Sie hat genug vom Schlüpfen, versucht dafür zu hüpfen, mit lauten „Quapp“ stößt sie vom Boden ab.

   Ref.: Und quipp…

5. Die Quappe kann jetzt springen, vor Freude will sie singen. Ganz gleich, ob’s jemand mag: Sie singt ein lautes „Quak“!
   Ref.: Und quipp und quapp und quabbel-di-kaul, die kleine Quappe war nicht faul, und quabbel-di-quipp und quabbel-di-quosch, die kleine Quappe ist ein Frosch!

Siehe hierzu auch Nr. 124.

156 Josa's Lied

Text: S. Vliex Musik: S. Kaiser

Siehe hierzu auch Nr. 85 und 134.

157 Der Pfiff

Text: A. Baur Musik: S. Vliex

▶ Spielidee: Die Pausen im Lied mit verschiedenen Pfiffen (mit Trillerpfeifen, Lotusflöte, Blockflötenkopf usw.) ausfüllen

158 Stop – die Ampel rot heißt: halt

Text: F. Suppanz
Musik: Ch. Schäfer

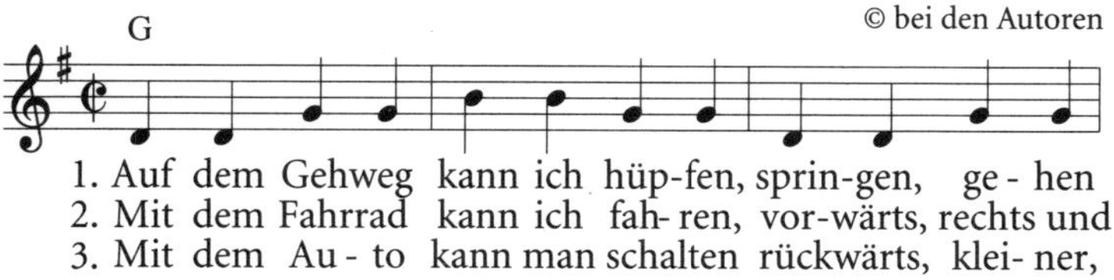

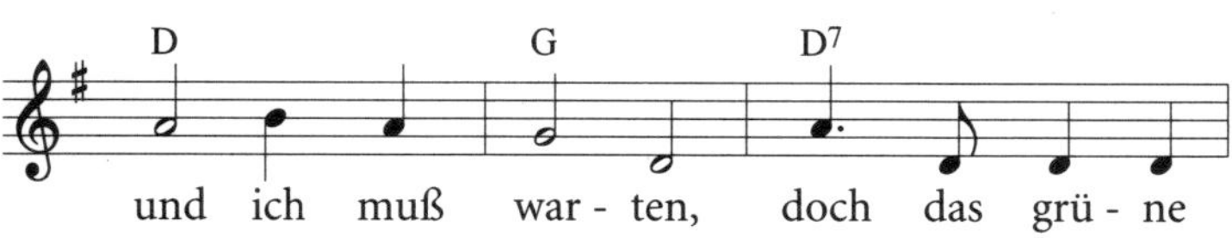

159 Wo die wilden Kerle wohnen

Text und Musik: S. Vliex

Siehe hierzu auch Nr. 135.

▶ Spielidee: Zum gesungenen Lied jeweils die ersten beiden Viertelnoten auf Instrumenten mitspielen (z. B. auf Becken):

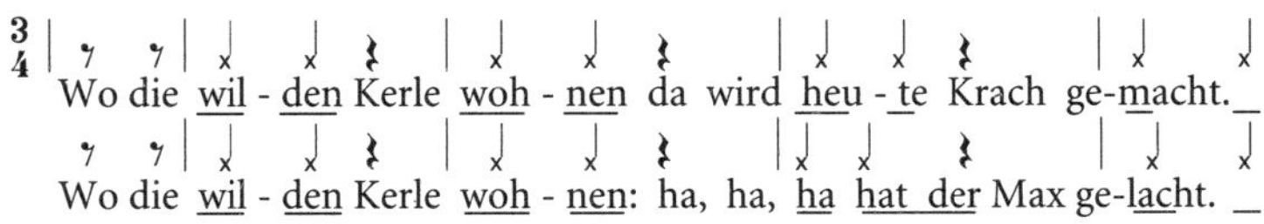

Stichwortverzeichnis zu Teil 1